OHSAMA BUNKO

ことだま「名前」占い

水蓮

三笠書房

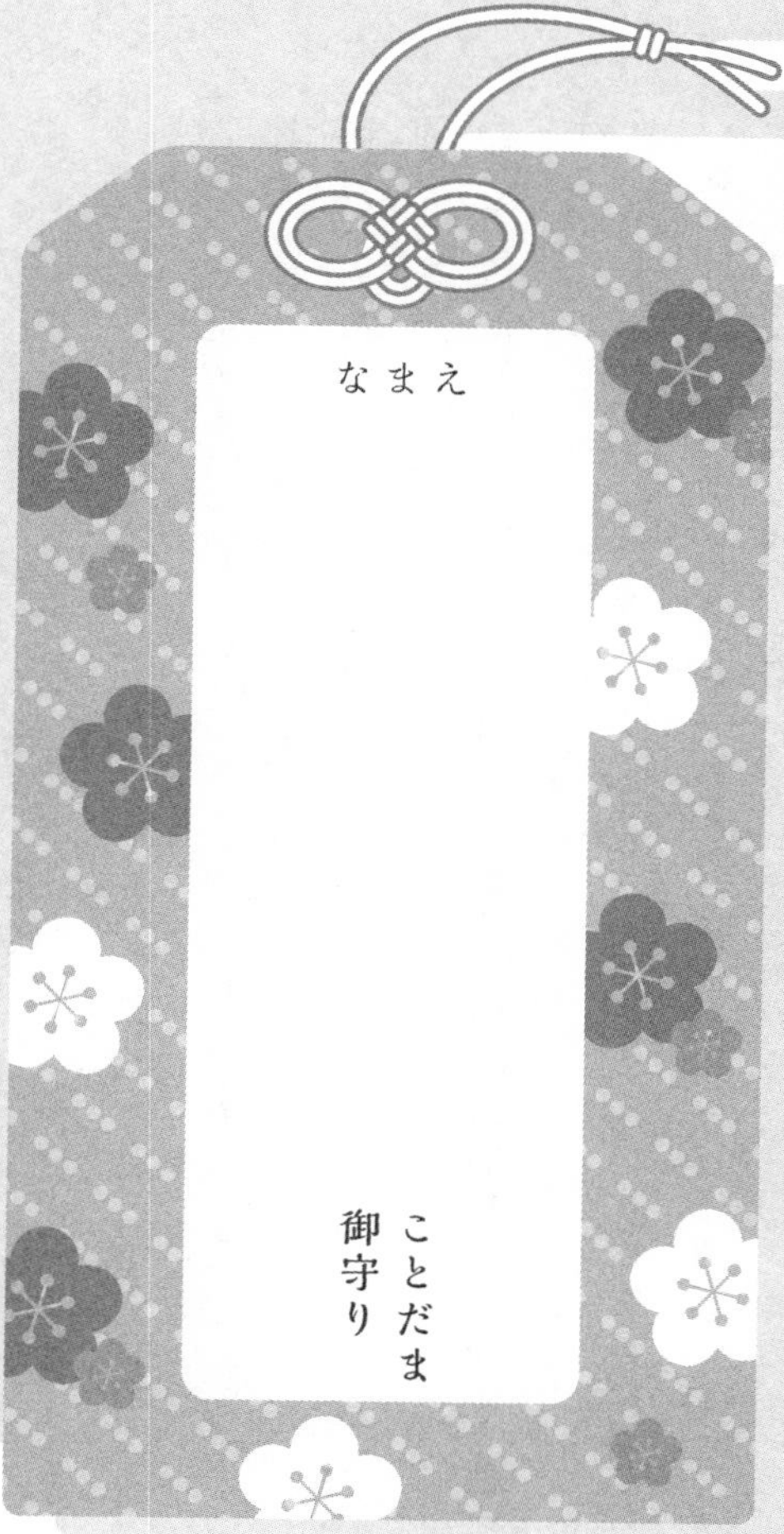

はじめに、「なまえ」欄に自分の名前をひらがなで記入しましょう（「なお」「しゅうへい」のように）。名前を書き込むことで、この本を自分だけの特別な「御守り」にすることができます。

はじめに

名前の「秘密」を知った人から運が開けていく！

「おめでとうございます♡」

最初に、あなたの「名前」を読みとくだけで、幸せになれるということを１００％お約束します。

この本は、自分の「名前」から、自分の「運命・使命」を知り、開運する方法を記《しる》した本です。

誰もが必ずもっている「名前」。毎日何気《なにげ》なく名乗ったり、署名したり、人から呼ばれたりする名前ですが、そのたった数文字の中には、人生を幸せへと導く、たくさんのヒントが秘められています。

実は、あなたの「名前」には、**「自分を好きになり、人生を幸せに導く秘密」**が隠されています。あなたはまだ、その秘密を知らないだけです。

本書で扱う「ことだま『名前』占い」は、画数《かくすう》で判断する一般的な「姓名判断《せいめいはんだん》」とは違い、「名前」を「ことだま」の意味から読みといていく、常識破《やぶ》りの「新・姓名判断」です。

「ことだま」とは、古来《こらい》、日本において、言葉に宿《やど》るとされる霊的なチカラのことです。私たちが使う「あ」～「ん」のひらがな1音1音にも、それぞれ「ことだま」が宿っているのです。

そして、これまでに、私、水蓮が、1万人以上の方のお名前を鑑定《かんてい》させていただいた結果、「名前」という「特定の音」で呼ばれ続けるうちに、**その音のもつ「ことだま」の働きが「使命・役割」として目覚める**、ということがわかりました。

たとえば、古代の日本人は、「け」という言葉に、「け」＝「食べ物」という共通認識をもっていました。古代から脈々と続くそのエネルギーをもつ「け」という言葉を「名前」に含《ふく》む人は、食べることが好きだということが多いのです。

また、日本固有の言語である大和言葉《やまと》における数の数え方で、「1」をあらわす「ひ」を「名前」に含む人は、リーダーシップがあります。そのため、自然とその才能が発揮できる、人が大勢集まるような場を好む人が多いのです。

このように、古代の日本人がひらがな1音1音にもっていた認識と性格を関連づけ、分析することで、その人の「名前」のもつ特徴を浮かび上がらせるのが水蓮流「ことだま『名前』占い」の手法です。

私が直接鑑定する場合は、「ことだま」だけでなく、相談者のたどってきた人生も含めてその人のことをみていきます。

とはいえ、この本でご紹介する方法は、とにかくカンタン！　この本を開いた瞬間から、誰でも、どこでも、すぐにできる、とっておきの開運法です。

実際、これまでに私が鑑定してきたみなさんは、ご自身の「名前」の「ことだま」を分析し、その意味を知ったことで、びっくりするくらいの変化を体験されています。その声を一部ご紹介しましょう。

「大切にしたい気持ちや価値観が、『名前』に隠れていたことに気がつきました」
「夫婦仲が良くなり、子育てもラクになりました」
「両親への感謝の気持ちがあふれ、疎遠《そえん》だった父と再会できました」
「10ヵ月後に、仕事の営業で15倍の売り上げを出すことができました」
「私らしく生きられるようになったら、生活がラクになりました」
「愛情を込めて名前を呼んでくれる彼と出会えて、結婚することになりました」

こんなふうに、幸せの連鎖《れんさ》は、自分の「名前」の意味や役割を知ることからスタートしました。とても素直に、

「自分の名前が好き」＝「自分が好き」

と思えるようになった人に起こった変化です。

自分の「名前」を通じて、自分をまるごと受け入れ、「素《す》の私」を認められるようになった結果、みなさん一人ひとりに奇跡的な「開運」が起こったのです。

さあ、「一人にひとつだけ与えられた名前」のチカラで、どんどん開運の道を切り開いていきましょう！

ことだま鑑定　水蓮流家元　水蓮《すいれん》

目次

1章

名前の「音」には、人生を最高に活かす「ことだま」が宿っている

――「あ・き・こ」の「あ」は「新たな扉」を示す

3章

「あの名前の人」とうまくつき合うには？

――「ことだま」のもつエネルギーで相性診断

4章 名前の音で「どんな才能に恵まれているか」がわかる

——人生がもっと輝く！「ことだま」ランキング

本文イラストレーション——廣田敬一
（ニュートラルデザイン）

1章

名前の「音」には、人生を最高に活かす「ことだま」が宿っている

——「あ・き・こ」の「あ」は「新たな扉」を示す

「名前」は、誰もがもっている「幸せのスイッチ」

日本では、昔から「名」を大切に扱ってきました。

「名は体《たい》をあらわす」と言われるように、「名前」は単なる記号ではなく、「自分自身をあらわす」と考えられていたからです。だからこそ、昔の人は「その名にかけて、名に恥じない生き方をして、世に名を残そう」と生きていました。

実は今のあなたの「名前」にも、そんな生き方ができる秘密が隠されています。

なぜなら、「名前」は「魔法の呪文《じゅもん》」だからです。

日本では、奈良時代から身分の高い人を「本名」で呼ばない文化、そして名を人前で明かすことを禁忌《きんき》とする文化がありました。本名は「諱《いみな》」とも呼ばれ、「呼ぶことがはばかられる名」とされてきたのです。

平安時代中期に、紫式部《むらさきしきぶ》によって創作された『源氏物語《げんじものがたり》』の登場人物たちは、主人公の光源氏《ひかるげんじ》を含め男女問わず、ほぼ全員が実名ではなく、あだ名や通称《つうしょう》で記されています。

とくに女性の名は、奈良時代から鎌倉時代にかけて、親兄弟や結婚相手などの身近な人しか知る権利がありませんでした。本名はその人自身と結びついていて、口にすることでその人を支配できると考えられていたこと、人を呪《のろ》う際に用いられたことから、簡単に人に知られてはいけない名だったからです。

誰もが知る戦国武将である織田信長《おだのぶなが》、豊臣秀吉《とよとみひでよし》、徳川家康《とくがわいえやす》の「信長」「秀吉」「家康」も、実は諱であり、生前は、まず呼ばれることがない名でした。

つまり、「名前」には目に見えないエネルギーが凝縮《ぎょうしゅく》されており、「名前」により、「自分」という存在が揺《ゆ》るぎないものになると考えられていたのです。

けれども私が、これまで鑑定や講座を受けてくれた方に、ご自身の「名前」について質問してみると、「自分の名前があまり好きではなかった」「よく考えたことがなかった」と答える方がほとんどでした。

みな、魔法の呪文である「名前」を大切に扱うという意識が薄かったのです。

ある日、私が主宰《しゅさい》する「ことだま講座」で、自分の「名前」の大切さを知った受講生のけいこさんから、こんな報告がありました。

「彼にメールをするとき、はじめに彼のフルネームを書いて、おわりに自分のフルネームを書くようにしました。すると、メールが苦手な彼から次第に返事が増えたうえに、ほしかった言葉までもらえるようになりました」

その後、けいこさんは、この大好きな彼と結婚して幸せに暮らしています。

そう、時として「名前」は、愛の魔法の呪文にもなります。

また、「夫の呼び方を変えることで、夫がどんどんたくましくなり、支えてくれるようになりました」という報告もありました。

結婚17年目のかよさんは、学生時代に知り合ったパートナーのことを、ずっと「ほかちゃん」というニックネームで呼んでいたそう。

けれども、ある日、本当の名前で呼ぶことの重要性について学んだかよさんが、彼に、「ちゃんと名前で呼んでほしい?」と聞いてみたところ、「呼んでほしい」と言われてビックリ!

それからは照れながらも、かよさんは彼を、「ひろひささん」と、「名前」で呼びはじめました。すると、「ひろひさ」というお名前の意味に含まれている、「自分らしく、リーダーシップをとる」という意識が、彼の中に目覚めはじめたのです。おっとりとした彼が、かよさんをたくましく支えてくれるようになりました。

実は彼は、子どもの頃から、下の名前で呼ばれることが少なかったそうです。

かよさんは、そんな彼の「名前」を呼ぶことで、リーダーとしての「才能のスイッチ」を入れてあげることができ、眠っていた男性性を呼び起こすことができたのでした。

気持ちを込めて相手の「名前」を呼ぶこと。
愛情を込めて自分の「名前」を書くこと。
そして、大好きな人から「名前」を呼ばれること。

これだけで、あなた自身や、あなたの周りの人の未来が輝き出します。
「名前」は、ただの記号ではありません。
「名前」を大切に扱うと、どんな人の人生も変わるのです。

「氏名＝使命」――あなたの人生の役割とは？

私たちは、生まれたときから、何千回、何万回と、「名前」を呼ばれ続けています。

実は、私たちは、**自分の「名前」を呼ばれるたびに、「才能のスイッチ」を押されています。**

「え～『名前』を呼ばれるだけで才能が開花するなら、とっくに成功しているはず」

と思ったでしょうか？

けれども、才能のスイッチを入れるためには、必要な条件があるのです。

その条件とは、**自分の「名前」が好きであること**です。

自分の「名前」が好きだと、「名前」を呼ばれるたびに、脳、魂《たましい》、潜在意識にポジティブな感情が芽生えます。そして、自分らしい才能を発揮するべく、使命や役割のスイッチがどんどん押され続けます。その結果、才能が開花するのです。

日本では、古代から三種の神器《じんぎ》のひとつとして鏡を尊《とうと》んできました。多くの神社には、ご神体《しんたい》として鏡がまつられています。

「かがみ（鏡）」という文字から、「が（我）」の文字を抜くと、「かみ（神）」になります。

つまり、ご神体である鏡に、自分の姿をうつして、「我（エゴ）」を抜くと、そこには、自分の中にある神があらわれるのです。

「我」を抜くことで、あなたの中にある「神」の働きが目覚めはじめます。

では、「我」を抜いたあなたとは、どんな姿でしょうか？

その答えは、「名前」にあります。

私たちは、この世に生まれたときに「名前」を自分で選ぶことができません。

最初、「名前」は、誰もが必ず人から与えられます。

つまり、初めてついた名前には一切の「我」が入っていないということなのです。

八百万《やおよろず》の神々が自身で「名前」も「役割」も選べないように、人から与えられ、選ぶことができない「名前」には、あなたが人生で成《な》すべき大切な役割が記されています。

つまり、あなたの「氏名」はあなたの「使命」そのものであり、自分らしく生きる道を教えてくれる「取扱説明書」なのです。

「使命」が明確になると、人生がグーンとラクになります。

自分自身はもちろん、家族、友人、会社の人たち……かかわるすべての人々を幸せにできる、オリジナルの「取扱説明書」を手に入れましょう！

自分の名前が好きですか

ところで、**自分の「名前」が嫌い**という人がいます。

驚《おどろ》くことに、これまでに鑑定や講座を通して私が出会った約3割の方が、自分の「名前」を嫌っていました。

1万人以上鑑定をさせていただいた中の3割ということは、3千人以上の方が、「自分の名前を好きではない」ということになります。

ちなみに、この中で、「自分の名前が好き！」と即答してくれた人は約2割。半分近くの人は、「どちらかといえば好き」「好きでも嫌いでもない」という回答でした。私も、好きでも嫌いでもなかったうちの一人です。

この話をすると、「そんなに自分の名前を嫌いな人がいるわけがない」と言われることがありますが、まぎれもない事実です。

私がこんなにも多くの「名前」が嫌いな方と出会ってきたのは、「名前を好きになりたい！」という方が集まって来てくれていたからかもしれませんね。

ここで、「名前」を嫌いになる主な理由を、いくつかご紹介させていただきます。

①「名前」を適当につけられた気がする

・両親に「名前」の由来を聞いたら、とくに意味はないと言われた。

・生まれてきたら、用意していた「名前」と性別が違ったが、面倒なので適当にアレンジしたと言われた。

・出生届を出す段階になって、決定していた「名前」とは違う「名前」を記入して提出された。

・たまたま雑誌で目についた「名前」をつけたと言われた。

②間違えられる

・漢字の読み方が難しくて、いつも間違《まちが》えた「名前」で呼ばれる。

・男性でも女性でも通用する「名前」なので、よく性別を間違えられる。

③両親以外の人が「名前」を考えた

・姓名判断の先生、神社仏閣や親族など、両親ではない人が名づけた「名前」である。

④「名前」をからかわれた

・「名前」の呼び方でからかわれた記憶があり、イヤな印象をもっている。

⑤ふつうの「名前」すぎて個性がない

・「子」がつく「名前」がイヤだ。

・よくある「名前」でイヤだ。

・古い感じの「名前」が好きではない。

⑥珍しい「名前」

・これまで同じ「名前」の人に出会ったことがないので、目立ってイヤだ。

⑦悪い「名前」だと言われた

・占いや姓名判断で、何をやってもうまくいかない「名前」だと言われた。

⑧「名前」をつけた両親が嫌い

・両親との関係性が悪く、両親が命名した「名前」が嫌い。

実にさまざまな理由があがりました。しかも、これはほんの一例にすぎません。

これらの例をご覧いただくと、「名前」を嫌いになるきっかけはいろいろある、ということに納得していただけるのではないでしょうか。

では、なぜこんなことが起こるのでしょうか？
実は、「名前を好きでない」という気持ちを突き詰めていくと、

「自分は、大切に扱われていない」
「自分は、愛されていない存在だ」
「自分は、必要とされていない存在だ」

という気持ちにいき当たることがわかりました。
つまり、**「名前」を大切に扱われないのは、「自分を大事に扱われない」のと同じ**だったのです。だから、自分の「名前」を否定されたり、受け入れられなかったりすると、ショックだったのです。

「名前」のイメージ＝自分自身のイメージ。
「名前」を否定することは、自分を否定することだったのです。

けれども、「名前」に秘められた意味を知り、「名前」と向き合い、自分をまるごと受け入れられた瞬間に、人生はガラリと変わります。

「名前」には、そんなパワーが宿っています。

えみこさんも、両親との関係性に悩んでいた一人でした。ご両親から名づけられた「名前」を受け入れられなかったため、しだいに周りの人から、本名ではなくニックネームで呼んでもらうようになったそうです。

でも、「名前」の意味を読みとき、名前で呼ばれる大切さを知ったとき、こんなふうに思ったそうです。

「父が他界した今、母だけが、私の下の名前をきちんと呼んでくれる、たった一人の存在だと気づきました。すると、これまでのわだかまりがスーッと消え、母に感謝の気持ちが湧《わ》きました。そして、父の墓前《ぼぜん》で母に『産んでくれてありがとう』と心から伝えることができました」

えみこさんは、自分の「名前」に対するイメージを変えたことで、ご両親との関係が劇的に良くなりました。

古代中国・春秋時代の兵法家《へいほう》、孫武《そんぶ》が紀元前500年頃に記したとされる兵法書『孫子《そんし》』に、「一点突破、全面展開」という考え方があります。これは、「一点に集中して突き破れば、そこから全面的に展開していける」という意味です。

自分の「名前」の意味を理解することは、それまでの人生を変え、世界を広げる「一点突破」に、まさにぴったりの方法です。

「名前」に宿る「ことだま」の視点から「名前」を好きになり、「名前」に秘められた意味を読みとくことで、現実が変わります。自分の心のあり方を変えてくれる具体的な出来事と出会えるはずです。

「名前」が嫌いな方にこそ、よりダイナミックに人生を変えられる可能性がひそんでいるのです。

すべての人間関係は「名乗ること」からはじまる

「名前」のことだまがもつ意味を読みとくと、自分の得意分野と不得意分野が明確になります。

そして、「名前」からわかるのは、自分自身についてだけではありません。相手の名前を知ることで、出会う人たちが、どのような人かということも、わかってしまいます！

人間関係においては、相手を知らなければ戦略を立てることはできません。
「そんなこと言ったって、初対面の相手は、何もわからないから悩むんです！」
と思うかもしれませんね。

でも、初対面であっても、必ずすぐにわかるもの。それが「名前」なのです。

なぜなら、「名前」は、「公開情報」だからです。

初対面であれば、ほとんどの場合、お互いに名乗りますし、ビジネスにおいては「名刺」が重要な働きをしてくれます。名刺には、相手の「名前」が記されているからです。

相手から名刺をいただいたとき、相手の「名前」の「ことだま」の性質と照らし合わせれば、カンタンに相手のタイプを見抜くことができます。相手に対するアプローチの仕方を判断できるのです。

たとえば、その相手には「感覚的な話」が響くのか、「論理的な話」をしたほうがいいのか。

「即決タイプ」なのか、「慎重なタイプ」なのか。どんなふうにほめたら喜ばれるのか。どんなことに気をつけたほうがいいのか……など、いろいろなことがわかります。

初対面であっても、相手のタイプが少しでもわかっていれば、安心して会話を進めることができるのです。

また、私は名刺交換の際に、

「私は、『名前』の仕事をしています。○○さんのお名前、いいお名前ですね」とお伝えするようにしています。

これは、「いいお名前ですね」と「名前」をほめながら、実はその人自身をほめているのと同じ効果があります。

シャイで、ほめられることが苦手と言われる日本人は、自分自身をほめられると謙遜《けんそん》してしまいがちです。でも、「名前」をほめられると、照れずに受け取ることができるのです。
それに、ほめられて照れる方はいても、イヤな気持ちになる方はいません。ほとんどの場合、自分そのものである「名前」を認められたうれしさで、会話がはずみます。

また、相手の「名前」をほめることは、自分の存在を相手に印象づけることにも効果があります。「名前」のお話から会話をスタートすると、多くの場合、個人的なお話になり、相手との心の距離が一気に縮まります。
すると、大勢の中でも、自分の存在を覚えてもらえるのです。実際に私も、数年前に一度だけ会った人が覚えていてくれ、連絡をくださり、仕事の機会を得られたことが何度もありました。

相手の「名前」をほめることは、それほど相手の印象に強烈に残り、さまざまな場面で役立つのです。

また、「名前」にはその人の得意なところがあらわれます。

相手の「名前」を知ることで、目の前にいる人の、良い面に目が行くようになり、**「自分を助けてくれる大切な人だ」「たくさんの可能性を秘めた人だ」**など、**人との出会いをポジティブに感じられるようになるでしょう。**

小さなきっかけから自分自身の心が変わり、行動が変わり、運命が変わっていくのです。

ことだま
コラム
1

口に出した言葉は現実になる？

日本では、言葉には「ことだま」が宿り、発した言葉通りに結果をあらわす力があるとされていました。「言」と「事」は、同じ働きであり、良い言葉を発すると良い事が起こり、不吉な言葉を発すると悪い事が起こると考えられていたのです。だからこそ、神道《しんとう》で祝詞《のりと》を奏上《そうじょう》する際には、絶対に誤読がないように注意されてきました。

不吉であるとして使うのを避《さ》ける「忌《い》み言葉〈受験生のいる家庭で〈滑《すべ》る・落ちる〉を使わない、結婚式で〈切れる・壊れる・別れる〉を使わない〉」などは、現代でも残っている風習です。

また、身近なところで言うと、小さな子どもに「いたいの、いたいの、とんでいけ〜！」と唱《とな》えると痛みがラクになるように感じるのも、「ことだま」の効果です。

そんな「ことだま」の歴史は古く、奈良時代の官人で歌人の山上憶良《やまのうえのおくら》は、

「神代《かみよ》より　言ひ伝《つ》て来《く》らく　そらみつ　大和の国は　皇神《すめかみ》の厳《いつく》しき国　言霊《ことだま》の幸《さき》はふ国と　語り継ぎ　言ひ継がひけり……」

という歌を遣唐使《けんとうし》に贈っていました。「言霊の幸ふ国」とは、「言葉の力によって幸せがもたらされる国」という意味です。

また、柿本人麻呂《かきのもとのひとまろ》は、言霊の力をかりて積極的に友人の無事を祈る歌を詠《よ》んでおり、いずれも『万葉集《まんようしゅう》』に残っています。「言葉には、特別な力がある」と信じ、言葉を大切にしてきた古代の日本人の心が今に引き継がれています。

では、これだけ力のある「ことだま」を、日本人はなぜもっと積極的に使わないのでしょうか。実はそのヒントは、さらに古代にさかのぼります。

『古事記《こじき》』のなかで、日本武尊《ヤマトタケルノミコト》は白い猪《いのしし》に遭《あ》い、

「これは神の使者であろう。今殺さず帰るときに殺そう」

と宣言します。この、自分の意志をはっきりと声に出して言うことを、その昔は「言挙《ことあ》げ」と言いました。しかし、日本武尊は自分の能力を過信し、おごり高ぶって言挙げしたことにより、神の化身であった白猪の祟《たた》りで亡くなります。これを教訓として、日本ではハッキリした「言挙げ」をしなくなったとされています。

つまり、**「ことだま」の力を知りながら、「ハッキリと言葉に出して表現（Ⅱ）言挙げ」しない人々。それが、日本人なのです。**

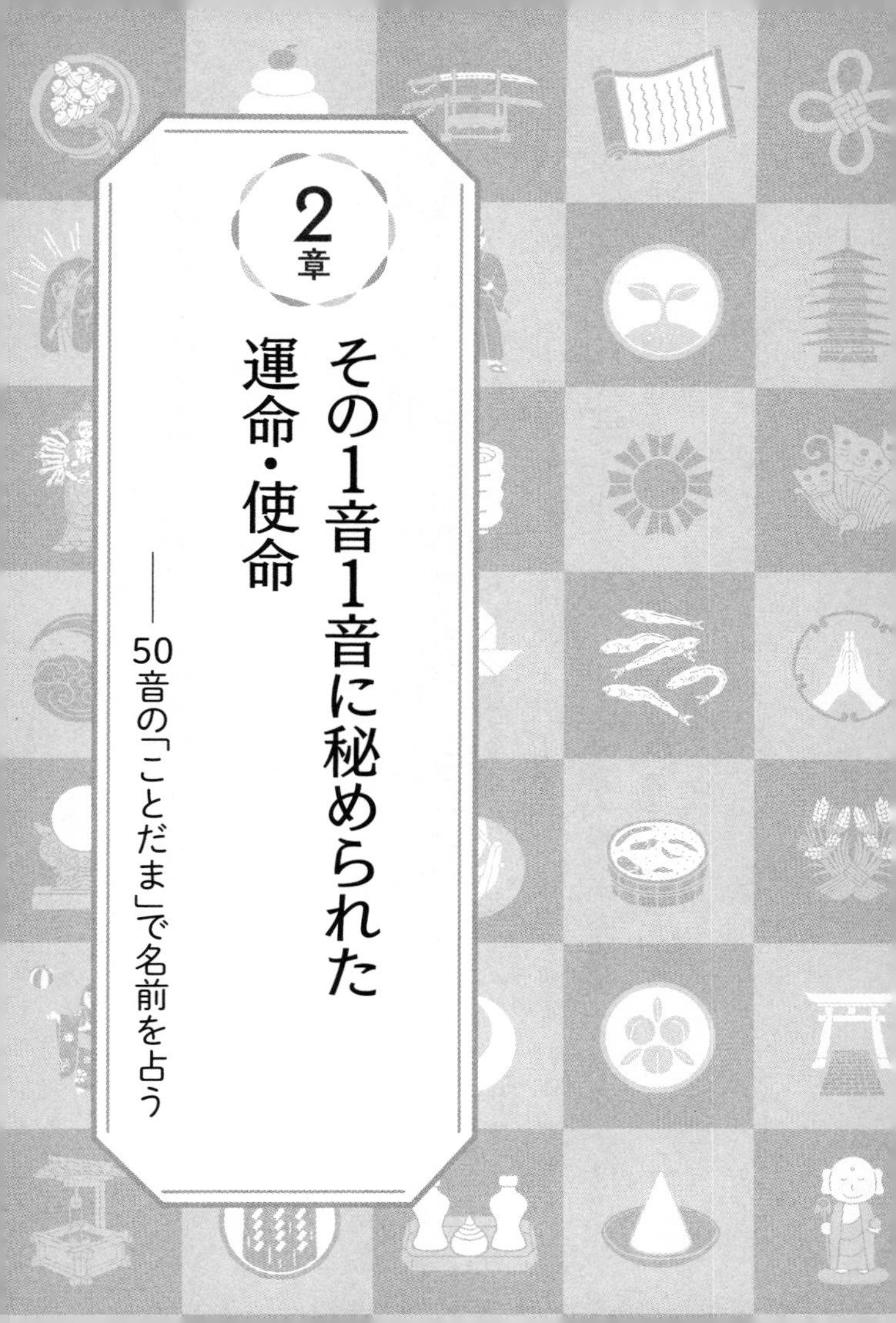

2章

その1音1音に秘められた運命・使命

――50音の「ことだま」で名前を占う

ひらがな1音に深い意味がある

日本には、古代から、

「言葉には霊的なチカラが宿り、発した言葉どおりの結果をあらわす」

という考え方がありました。この不思議なチカラを「ことだま」と言います。

日本最古の歴史書『古事記』をはじめ、国が編纂《へんさん》した正史である『日本書紀《にほんしょき》』、その地方の風土・文化などを記した『風土記《ふどき》』、日本最古の和歌集『万葉集』などにも、「言葉には不思議なチカラが宿る」という考え方が登場します。


そもそも日本には、大陸から漢字が入ってくるまで、文字で書き残す文化がありませんでした。

古代の日本人は、

「ひ」＝「お日様」「燃える火」「数の1」

などというように言葉を認識し、話し言葉として用いてはいましたが、記録する手段としての「文字」をもってはいなかったのです。縄文時代から1万年以上、話し言葉のみで生活し、大切なことは口伝《くでん》で教えてきました。今から約2000年前に、大陸から漢字が伝来し、5世紀ごろから、自分達の言語を書き記す文字として採用しはじめました。

古代の日本語（話し言葉としての大和言葉）のもつ意味に、書き言葉である漢字のもつ意味を組み合わせてできたのが、私たちが現在使っている日本語です。「話し言葉に漢字を組み合わせる」という過程を経てきたことから、同じ音にいろいろな漢字を当てはめています。

実際、『古事記』や『日本書紀』の中でも、

「ヒコ」…（日子・彦・比古・毘古）↓男神につける音
「ヒメ」…（媛・姫・比売・毘売）↓女神につける音

というように、音は同じですが、役割によって漢字を使い分けていました。
また、日本語には、

手「て」、目「め」、胃「い」、木「き」、素「す」、瀬「せ」、地「ち」

などのように、世界的にもめずらしい、1音で意味の通じる言葉である「一音語」もたくさんあります。
あるいは、次のように、ひとつの音に複数の意味がある場合もあります。

つ…（津、都）↓人や物が集まるところ
す…（主、素）↓中心、もとの状態

な…（七、成）↓なな、成す

これらを「一音多義《いちおんたぎ》」といいます。

さらには、「あ」のように、1音では、意味が通じないように感じる音にも意味があります。

このように古代の日本人が「音」に対してもっていた共通の認識は、現代の日本人の意識の中にも根ざしています。だからこそ、**「あ」～「ん」のそれぞれの音に意味と役割が生じ、「ことだま」のチカラがあらわれる**のです。当然、1音1音の「ことだま」にそれぞれ特徴があります。

そして、「ことだま」を組み合わせた結果生まれる「名前」は、その人の性格に多大な影響を与えるのです。

日本人の「名前」は神さまと同じ法則でできている

ここで、日本人の「名前」の法則についてお伝えします。

何と、私たち日本人の「名前」のつけ方の法則は、日本の神さまの「名づけ」の法則と同じなのです。


西洋の「神（ゴッド）」は、天地を創造したとされる完璧な存在です。

しかし、日本には、八百万の神々が存在します。神さまを数えるときは「柱《はしら》」という単位を用いますが、その神々でさえ、1柱、1柱、それぞれもっている知恵や能力が違い、お互い補い合う存在です。

また、神々に与えられた働きや役目はそれぞれ異なり、神の名前「神名《かむな》」は、神さまの「役割そのもの」をあらわしています。

たとえば「天照大神《アマテラスオオミカミ》」であれば、

天（名字＝属性）…天界にある神

照（名前＝役割）…世の中を照らす

大神（神号《しんごう》＝尊称）…特別に尊い神

神の「属性」の特徴がわかると、いろいろな神さまの「名前」の意味がわかります。

「アメ」「アマ」（天）がつく場合は、「天津神《あまつかみ》（天である高天原《たかまがはら》に住む、もしくは天から降臨《こうりん》してきた神々）」、または、高天原に関係のあることを示します。

「クニ」（国）がつく場合は、「国津神《くにつかみ》（地上に出現した神々）」。もしくは、天津神の後裔《こうえい》で地上に土着して活躍する神々、また各地方の有力な神々であることをあらわしています。大国主神《オオクニヌシノカミ》は、国津神の代表的な神さまです。

ただし、神々の中には、木花開耶《コノハナサクヤ》姫《ヒメ》のように、属性の部分が隠されている神も多くいらっしゃいます。

また、「神号」とは、「尊称」のことです。代表的なのは「カミ（神）」と「ミコト（命・尊）」でしょう。「ミコト」とは「御事《みこと》」すなわち命令のことで、何かの命令を受けた神さまにつけられるものです。特別に貴い神さまには、「大神《おおかみ》」「大御神《おおみかみ》」などの神号がつけられます。また、後の時代には「明神《みょうじん》」「権現《ごんげん》」などといった神号もあらわれました。

それでは、今度は神々の名前の法則を、人名に置き換えてみましょう。

「天野照子さん」の場合、

天野（名字＝属性）…何家に属する人か？

照子（名前＝役割）…どのような「使命・役割」を担《にな》う人か？

さん（敬称＝敬意）…第三者からの敬意。どう呼ばれている人か？


このように置き換えることができます。

日本人の「名前」は、二つの要素でできています。前半が「名字」で、後半が「名前」です。そして、「名字」と「名前」のそれぞれに使命、役割があります。

「敬称」は名前ではなく、プラスアルファの要素。相手への敬意を示すために添える言葉で、立場や状況によって使い分けをします。


まとめると、次のようになります。


「名字」は、家系の使命。

「名前」は、個人の使命。

「敬称」は、その人への敬意をあらわす言葉（さん、くん、様、殿、先生など）。

名前を読みとくことで、私たち日本人も「氏名」に「使命」を授かり、それが「名前」にあらわれていることがわかります。

また、欧米では、ファーストネーム（下の名前）で呼び合う習慣があり「個」をとても大切にしています。一方で、日本は古代から「家系」を大事にしてきました。家系は、「ち」（血、地、知）のつながりで、代々引き継いでいくチカラがあるからです。

けれども、現代の日本では、しだいに「個人」の役割のほうが、大きな意味をもつようになりました。

本書の「ことだま『名前』占い」では、下の「名前」を中心に解説していきます。「個」が重視される時代だからこそ、下の「名前」を読みとき、私たち一人ひとりのチカラを発揮していく必要があるのです。

「悪い名前」なんてこの世にひとつもありません！

水蓮流「ことだま『名前』占い」では、「名前」を、良い・悪いで判断しません。誰の中にも、陰《いん》と陽《よう》の両面が、必ず存在するからです。

ちょっと日本の神さまのお話に戻ります。

日本には、「太陽の神」「海の神」「山の神」「川の神」「かまどの神」「トイレの神」など、さまざまな役割の神さまがいらっしゃいます。大根にも神（おしら様）が宿っているし、「貧乏神」だって神さまです。

どの神さまの役割も、良い・悪いということはありません。また、神々の役割は細かく分かれていて、自分の役割以外は、すべてほかの神に任せています。日本は、神さまたちでさえも、信頼関係と助け合いで成り立っている国なのです。

神々の役割をあらわす「神名」に良い・悪いがないのと同じように、私たちの「名前」にも良い・悪いはありません。ただ、その「名前」をもつ人の心の状態によって、「名前」の陰陽どちらの側面が出るかが決まります。

神道には、「荒魂《あらみたま》・和魂《にぎみたま》」という、神の霊魂がもつ、ふたつの概念があります。神さまでさえ、荒々しさと調和、ふたつの側面をもっているということです。

一方、地上の世界においても、昼と夜、天と地、男性と女性というように、陰と陽に分けられる二元性が、数多く存在します。この陰陽の対極を、矛盾《むじゅん》なく受け入れていくことにより、両面の魅力を統合できるようになります。

そして、陰陽は「あ」～「ん」の1音1音にも存在しています。その相反する二元性を、この本のなかでは長所・短所ではなく、次のようにお伝えしていきます。

「ことだま」の陽の側面

「ことだま」の陰の側面

「なんだ、やっぱり陰の部分もあるんだ、それって短所ってことでしょ？」

と残念に思ったかもしれません。

たしかに、この陰の部分は、ふだんあなたが、自分の欠点や悪いクセだと思っている部分です。

しかし、欠点だと思っていた陰の部分の取り扱い方を知ることで、陽に変身させることができるのです。

たとえば、

陰の側面「人に合わせすぎる」↓陽の側面「調和を大切にできる」

というように。

イヤだと思っていた部分が、実はあなたの才能であるということを、「名前」は教えてくれます。

「名前」の陰と陽の意味を知ること、そして、「名前」からあなたの性質をまるごと受け入れることで、両方のチカラを活かせるようになり、大きな変化が起きます。

陽の面だけを認めて陰の面を認めない（見ない）でいたら、あなたの魅力は半分しか使えていない状態と言えます。

あなたの魅力は、無限にあります。

あなたの周りの人も、無限の魅力をもっています。

「名前」の陰と陽の意味を知ることで、素の自分を受け入れ、より自分自身の可能性を広げていくことができるでしょう。

50音それぞれの「陽の側面」「陰の側面」は、巻末の「ことだま『名前』占い」早見表（249ページ）にまとめてあります。

「ことだま50音辞典」で自分の「名前」をチェック

◆「名前」は上の音から順にチカラを発揮！

「ことだま」のチカラは、「名前」の最初の音から順に強く発揮されます。名前が「たくや」だったら「た」が1文字目です。

1文字目は、その人のメインキャラクター。その人の考え方や性質の基本を決定します。2文字目は、1文字目の性質を補佐する、サブリーダー的な役割を担います。そして3文字目は、エッセンス（隠れキャラ）として働きます。また、3文字目以降からは、表に出る性質が徐々に薄まります。

「名前」の音には、それぞれ役割がある

◎3文字の名前「あきこ」の場合

1文字目の働き

あ

その人の考え方や性質の基本。
メインキャラクターを決定する。

「あ」の陽の側面 》 チャレンジ精神旺盛《おうせい》

「あ」の陰の側面 》 思いつきで行動する

2文字目の働き

き

1文字目の性質をしっかりと補佐する、
サブリーダー的な役割。

「き」の陽の側面 》 知識欲が旺盛

「き」の陰の側面 》 学んだだけで活かせない

3文字目の働き

こ

エッセンス（隠れキャラ）として働く。
表に出る性質が2文字目より薄まる。

「こ」の陽の側面 》 責任感が強い

「こ」の陰の側面 》 消極的になりがち

（4文字目以降は表に出る性質が徐々に薄くなる）

✦「名前」はチームで働く

あなたの頭の中に、物語やロールプレイングゲームのように、「名前の音のチーム」が存在していて、チームのメンバーたちが、それぞれの才能を発揮して、自分をサポートしているとイメージしてみてください。

・名字は「家系」の使命チーム
・名前は「個人」の使命チーム

となります。

「あ」~「ん」までの、どの「ことだま」がサポートしてくれているかが、あなたの「氏名」に記されています。

✧「名前」の文字数のとらえ方

人によって、「名前」の文字数は異なります。文字の多い・少ないにも、それぞれ意味があることを覚えておきましょう。ポイントは次の3つです。ことだま1音1音の働きに、これらを加味して鑑定しましょう。

・「名前」の文字数が少ないほど、1音から受ける影響が大きくなる
・「名前」の文字数が多いほど、それぞれの音の性質が混じり合った性質になる
・「名前」に含まれる濁音《だくおん》、半濁音、長音などには、それぞれの働きがある

【文字数が多い「名前」の人の特徴】

(例) じゅんいちろう　りょうすけ

「名前の音のチーム」のメンバー数が多いため、自分の頭の中でさまざまな意見を

検討でき、広い視野をもち、マルチに才能を発揮できます。

・バランス良く、何でもできる

・器用にいろいろとこなせる

【文字数が少ない「名前」の人の特徴】

(例) なな　みあ

「名前の音のチーム」のメンバー数が少ないため、チーム内での意見がすぐにまとまり、素早く決断できたり、ことだま1音の才能が際立ちます。

・個性がはっきりしていて、自分のキャラで悩まない

・スペシャリスト向き

【「名前」に含まれる濁音、半濁音、長音記号などにも働きがある】

・濁音…「名前」のなかで「重要な役割」をもつ響き

(例)「だいき」の場合は「た」、「かえで」の場合は「て」の特徴がより重要になる。

・半濁音…軽快さ、気取らなさの意味がプラスされる

(例)「さんぺい」の場合は「へ」の特徴（独創性や行動力）がより軽快に発揮される。

・長音記号…海外とかかわりがあることを示す

(例)「サリー」の場合は、長音記号「ー」が加わることにより、海外とのかかわりの意味が加わる。たとえば、海外交流の機会に恵まれる、海外の人とのコミュニケーションが多くなる、自国と他国の橋渡しをするなど。

※「サリィ」の「ィ」で見るのではなく、長音記号の「ー」は単体で、海外とのかかわりをあらわします。

・拗音《ようおん》（「ゃ」「ゅ」「ょ」）と促音《そくおん》（「っ」）…活動的、スピード感の意味がプラス

(例)「りょうこ」の場合は、「よ」の特徴（探究心の強さなど）がよりスピード感をもって発揮される。

「ことだま50音辞典」

――【あ】～【ん】名前の音が示すその人の真の姿

66ページからは、「あ」～「ん」の1音1音の「ことだま」の働きがくわしく記されています。その「ことだま」がもっているポジティブな要素（陽の側面）と気をつけたほうがいい、ネガティブな要素（陰の側面）がわかります。陰の側面は、改善することで良い面にもなる紙一重の部分です。

そのほかに、次のような項目についても解説していきます。

【音のエレメント】

「ことだま」50音は、1音ずつ異なる波動をもっています。この波動を、「火・水・風・地・空《くう》」の5つのエレメントに分類しました。ここでいう「エレメント」

とは、元素・要素のこと。自然界のすべてのものが、この5つのいずれかに分類できると考えられています。
本書では、1音1音が属するエレメントを「音のエレメント」と呼んでいます。

【ことだまシンボル】

「ことだま」50音がもつそれぞれのエネルギーの本質を、シンボルとしてあらわしたものです。古神道で大事にされているものを多く選んでいます。

【KEYWORDS】

ことだまのもつ特徴をキーワードとして示しました。自分や相手の名前のイメージをつかみたいときに役立ちます。

【相性の良いことだま】

よく似た性質をもつ「ことだま」です。この「音」が名前にある人と一緒にいるとリラックスでき、素の自分でいられたり、よりパワーアップしたりすることができます。

【補ってくれることだま】

相反する性質をもつ「ことだま」です。この「音」が名前にある人とは、足りないものを補い合う関係です。意見が違ったり、衝突したりすることもありますが、一緒にいると成長することができます。

【ことだま開運法】

その音を名前にもつ人への水蓮流の開運メッセージです。より幸せに、豊かな人生を送るためのヒントとして役立ててください。

あ

音のエレメント　火

ことだまシンボル　天《あま》の岩戸《いわと》開《びら》き

天照大神が岩屋にこもり、世界が闇に包まれた際、岩の扉を天手力雄神《アメノタヂカラオノカミ》が開け、世界に光が戻ったという神話。新たな扉を開くことの象徴です。

KEYWORDS

明るい。素直。積極的。「あっさり」。「あっけらかん」。やってみなくちゃわからない。

チャレンジ精神旺盛な人

「あ」は、50音のはじめの音。物事のはじまりをつくる役割です。陽の側面は、素直でチャレンジ精神旺盛。新しい発想が得意でひらめきにあふれています。とても明るく、積極的。直感力に優れ、正義感が強いリーダー気質。そこにいるだけで、周りをパッと明るくするパワーをもっています。

「とりあえず、やってみよう！」と、思いついたことを、即行動に移すことができるパワフルさが、魅力のひとつです。

陰の側面は、新しいことが得意な分、ひとつのことを深めたり、続けたりするのは苦手なところ。思いつきで行動してしまうので、結果がともわないこともあります。

「あ」を
補ってくれることだま

ふ よ と

「あ」と
相性の良いことだま

ら や は

ことだま開運法

「直感を大切にすること」

計画してから動くことが苦手だったり、粘り強さが足りなかったりする部分があり、チャレンジしてもカタチにならないこともある、「あ」のことだまをもつ人。

しかし、失敗を恐れず、挑戦し続ける勇気をもっています！

そんな「あ」のことだまをもつ人の強みは、損得勘定《そんとくかんじょう》を抜きで行動できるところ。常識はずれと思われても、ありのままの気持ちを優先し行動に移せます。

だからこそ、「あ」のことだまをもつ人の開運のコツは、「直感を大切にすること」です、自分の可能性を信じてまっすぐに進んでいくことで、運が開けます。

い

音のエレメント　火

ことだまシンボル　3歳の子ども

無邪気でピュアな心の象徴。損得ではなく、純粋な興味で物事に夢中になることをあらわしています。

KEYWORDS

純粋。ほめられると伸びる。「今」を「イキイキ」と楽しむ人。100歳になっても3歳の部分をもつ。

子どものようにピュアな人

「い」のことだまをもつ人の陽の側面は、興味を抱いたことに全力で向かい、夢中で取り組むことができるところ。生命力にあふれ、周りまで元気にするエネルギーをもっています。好奇心旺盛で、やる気があるときには、ものすごい集中力を見せます。素直に物事に感動できる純粋な心をもっていて、ほめられることで、どんどん伸びます。いくつになっても子どものような心をもっています。

陰の側面は、興味がなくなると、とたんにどうでもよくなってしまうこと。気分の起《き》伏《ふく》が激しく、いつまでたっても大人になりきれないところがあります。

「い」を
補ってくれることだま

ゆ ぬ う

「い」と
相性の良いことだま

き け み

ことだま開運法

「モチベーションの維持」

感情表現が子どものようにピュアで、いくつになってもいろいろなコトやモノに興味を抱き続けることができる「い」のことだまをもつ人。その反面、気分にムラがあり、あと先を考えずに、今の気分を優先させるところがあります。そんな、「い」のことだまをもつ人の開運のコツは、「モチベーションの維持」です。やる気を持続させながら行動することがとても大切な人だからです。

やる気が出ないときは、焦《あせ》らず、周りの人や場所、食べ物などからエネルギーを分けてもらい、充電してから動きましょう。楽しく動き回ることが、開運のコツです。

う

音のエレメント　地

ことだまシンボル　青い梅

じっくりと時間をかけ、梅酒や梅干しなどに変化する青い梅。一見、変化がないように見えることでも、根気強く続けられることの象徴です。

KEYWORDS

慎重派。受身タイプ。ストレスに強い。「うんうん」「うなずく」「受け止める」。一度、受容してから動く。熟成させる。

粘り強く計画的な人

「う」のことだまをもつ人は、積極的というよりは慎重派なタイプです。陽の側面は、ひとつずつじっくりと、丁寧《ていねい》に進めていくのが得意なこと。

自分から何かをするというよりは「受身タイプ」で、内面に強い意志を秘めている人です。「うーん」と考えてから動くので、何事にも時間が必要。一見動いていないように見えるときでも、頭の中で効率のいい手順を考えていたりします。

陰の側面は、失敗を恐れすぎてしまうところ。考えすぎてタイミングを逃してしまうことがあります。

「う」を
補ってくれることだま

かふた

「う」と
相性の良いことだま

のゆぬ

ことだま開運法

「人に振り回されないこと」

「う」のことだまをもつ人は、マイペースで思慮深い「じっくり型」。自分が納得するまで考えてから動き出し、決めたことをやり遂《と》げる粘り強さをもっています。

また、受け入れ幅が広く、我慢《がまん》強い人です。日頃から不満をため込みがちな分、一度爆発すると大変なことになります。

そこで、「う」のことだまをもつ人の開運のコツは「人に振り回されないこと」。じっくりと腑《ふ》に落ちてから動きたい気持ちが強い人なので、他人のペースに合わせようとすると疲れてしまいます。

自分らしいペースで動ける環境づくりが大切な人です。

え

音のエレメント　火

ことだまシンボル　枝

ひとつの物事から、いくつもの物事を枝分かれさせ、発展させていくチカラをあらわしています。思うがまま、自由に枝を伸ばしていきます。

KEYWORDS

自由人。感情表現が豊か。人脈を広げるのが得意。独立心。うれしいときもイヤなときも、「えーっ!」と言う人が多い。

積極的に行動できる人

「え」のことだまをもつ人は、好奇心が旺盛で、興味をもったことに対して、一直線に突き進むチカラをもっています。陽の側面は、誰かから与えられた課題に取り組むよりも、「自分の好きなこと」で才能を発揮すること。どんなことでも自分で選択して動くのが好きな、独立心のある人です。

　行動力があり、人とドンドンかかわるのが得意。多くの人に伝えていくチカラをもっています。

　陰の側面は、感情表現が豊かなので、思ったことが顔に出やすいこと。自分の感情のままに動くため、押しが強いと思われることがあります。

「え」を
補ってくれることだま

つ む し

「え」と
相性の良いことだま

り せ け

ことだま開運法

「自分の根っこを大切にすること」

「え」のことだまをもつ人は、うれしいときも悲しいときも、ストレートに気持ちを表現する、ウソのつけない正直者です。負けず嫌いで、達成したい目標があると、よりチカラを発揮します。また、興味の対象が幅広く、フットワークが軽いので、活動の幅を広げていくのが得意です。

だからこそ、「え」のことだまをもつ人の開運のコツは、「自分の根っこを大切にすること」です。

根っこがしっかりしていないと、ブレてしまいます。目的意識を常に確認しながら動くことが大切です。

お

音のエレメント　地

ことだまシンボル　お地蔵さん

KEYWORDS

温厚。誠実。思いやりがある。落ち着いている。穏やか。「おっとりさん」。地蔵菩薩《ぼさつ》は閻魔《えんま》大王と同一ともいわれます。

どっしりと構え、周りを優しく見守るお地蔵さん。自分のもとを訪れてくれた人に、愛情いっぱいに接するあたたかい心をもっています。

包容力のある人

「お」のことだまをもつ人の陽の側面は、落ち着いていて頼りがいがあるところ。気持ちがあたたかく、仲間や身内を大切にする人です。

人見知りの部分もありますが、自分のもとにやってくる相手を受け入れ、そして受け止めるのは得意です。

おっとりした面をもっていて、即断即決よりも時間をかけて決めたいタイプ。一方で、正義感が強く、自分のポリシーに反することは認められません。

陰の側面は、決断や行動が遅いと思われがちなこと。とつぜん、頑固《がんこ》者になる一面をもっています。

「お」を補ってくれることだま

る　れ　さ

「お」と相性の良いことだま

ろ　と　よ

ことだま開運法

「焦らずじっくり人間関係を築くこと」

「お」のことだまをもつ人は、誠実で思いやりがあります。また、接する相手にも信頼できる関係性を求めます。自分から積極的に動くタイプではないので、パーティーや合コンのような場で人脈を広げるのはあまり得意ではありません。初対面で打ち解けなければいけない場よりも、何度も会える関係のほうが向いています。

「お」のことだまをもつ人の開運のコツは、「焦らずじっくり人間関係を築くこと」です。「ビビビ」とくるつき合いよりも、ゆったりと相手との信頼関係を築いていくことが性に合っています。

か

音のエレメント　火

ことだまシンボル　刀

三種の神器のひとつ、草薙剣《くさなぎのつるぎ》をあらわしています。道なき道を切り拓《ひら》き、まっ先に可能性を見つけようとする特徴があります。

KEYWORDS

直感が鋭い。行動力がある。向上心が強い。現状に満足せず、目標に向かってガンガン突き進める。情熱家。

頭の回転が速い人

「か」のことだまをもつ人の陽の側面は、頭の回転が速く、何事も効率良く進めていくチカラがあるところ。積極的で、決断力があり、「向上心が強く、目標があると燃える」人です。

直感を働かせるのが上手で「ピン」ときたことに対して、即行動するパワーをもっています。仕事は手早くおわらせたいタイプです。

陰の側面は、即断即決の人なので、あらゆる場面でペースが遅いとイライラしてしまうこと。感情的になりやすく、瞬間湯《ゆ》沸《わ》かし器《き》のように、一瞬で「かーっ」と感情があふれ出す面もあります。

「か」を
補ってくれることだま

みうわ

「か」と
相性の良いことだま

れした

ことだま開運法

「今の自分を認めること」

「か」のことだまをもつ人は、とてもパワフルで、まっすぐなチカラをもっている人です。一見クールなところがありますが、内面は愛情が豊かです。多くの人と協力して何かをやり遂げるというよりは、自分が心を許せる人と行動することを好みます。

向上心が強く理想が高いので、のんびりしているとなまけている気持ちになり、何かしたくなります。

「か」のことだまをもつ人の開運のコツは、「今の自分を認めること」です。

常に上を目指して努力する人だからこそ、そのままの自分を認めることが、自己肯定につながります。

き

音のエレメント　風

ことだまシンボル　木

木が、二酸化炭素を取り入れて酸素をつくり出すように、周囲から知識や情報を取り入れ、時間をかけて大木となり、やがて周りの役に立つことを示しています。

KEYWORDS

勉強家。探究心が強い。自分流を大切にする。気配り上手。「きっちり、きちんと」の役割を果たす。雑学に詳しい。

学ぶことが大好きな人

「き」のことだまをもつ人は、きっちり、きまじめな部分と、やんちゃなところをあわせもつ人です。陽の側面は、人からどう思われるかよりも、「自分が興味をもったことについて探求していくこと」を大切にしている点。知的な刺激を求めて、新しいことをどんどん学びます。

人に合わせるよりも、マイウェイを好み、自分の主張をすることができます。

陰の側面は、キッパリと主張する反面、傷つくことにとても臆病《おくびょう》で、繊細《せんさい》な面があるところ。触《ふ》れられたくない話題になると「きーっ」と神経質になりやすかったり……。気を使いすぎて疲れることもあります。

「き」を
補ってくれることだま

め ほ ら

「き」と
相性の良いことだま

な け い

ことだま開運法

「学んだ知識は他人にシェア!」

「き」のことだまをもつ人は、「氣《き》(エネルギー)」のチカラとかかわりが強く、その場の空気を変えるチカラをもっています。「氣」のエネルギーの影響で、「誰とつき合うか?」「何を発言するか?」が大切な人です。

また、学ぶことは好きだけれど、自信をもてないうちは発信しない人が多いでしょう。

物知りな「き」のことだまをもつ人の開運のコツは、「自分が学んだ知識を人にシェアすること」。まだレベルに達していないからと慎重になりすぎず、自分が学んだ知識を人のために役立てることで、良い「氣」の循環が生まれ、運が開けてきます。

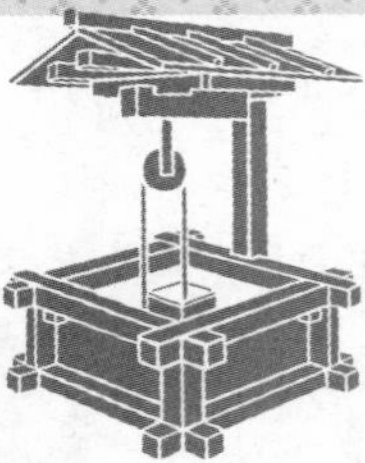

く

音のエレメント　地

ことだまシンボル　井戸

人の想いを「くみ取る」チカラを井戸であらわしています。さまざまな情報や意見を、良い・悪いで判断せず、自分の中に取り込み、必要なときにくみ上げて活用できます。

KEYWORDS

シャイ。一人の時間を大切にする。現実的。周りの空気を察する。相手の想いを「くみ取る」人。黒子《くろこ》のように陰から活躍。

冷静な判断ができる人

「く」のことだまをもつ人は、コツコツ集めた情報を分析する「研究家タイプ」です。大勢でワイワイするより、一人で考える時間を好みます。

あまり自分の意見を言わない人だと思われがちですが、陽の側面として、現実的なこと、冷静に人や物事を観察でき、自分の中にたくさんのデータをもっていることが挙げられます。

繊細に見えますが、隠れ負けず嫌いで、精神的にはタフな人です。

陰の側面は、言いたいことを我慢して、「ぐーっ」と内側にため込んでしまう傾向があることです。

「く」を
補ってくれることだま

らさは

「く」と
相性の良いことだま

むつめ

ことだま開運法

「繊細な感性を大切にすること」

「く」のことだまをもつ人は、現実的に物事を考えられる人です。また、自分の中にエネルギーをためてから動く性質があり、それが、精神的な強さにつながっています。記憶力が良く、データ収集や分析が得意です。一方で外に発信していくことは苦手なので、良い情報をもっていても、自分の中だけにとどめがち。進んで発言をしませんが、素晴らしい感性のもち主です。

そんな、「く」のことだまをもつ人の開運のコツは、「繊細な感性を大切にすること」。自分視点の感性を活かすことで、人の気持ちをくみ取り、物事を良い方向に運ぶことができます。

け

音のエレメント　火

ことだまシンボル　御饌《みけ》

KEYWORDS

社交的。食べること、しゃべることが好き。負けず嫌い。「けちけちせずに」みんなで楽しもうとする。もてなし上手。

「け」は古代から食べ物をあらわす音。「御饌」は神さまの食べ物です。心の栄養である「言葉」も大切にし、素敵な言葉で周りを元気にします。

どんな場にも溶け込める人

「け」のことだまをもつ人の陽の側面は、明るく、話術に長《た》け、どんな場にも溶け込める社交性をもっているところ。面倒見が良く、周りにたくさんの人が集まってきます。

美味しいものを食べたり、人と話をしたりすることが大好き。人やモノが出しているエネルギーに敏感で、場の空気を感じ取り、コントロールするチカラをもっています。

一人でいるよりも、みんなでいることを好む、寂しがり屋です。目標があると実力以上のチカラを発揮できます。

陰の側面は、かなりの負けず嫌い。感情的になり、つい「けっ」と余計な一言を言ってしまうなど、口が悪くなるので要注意です。

「け」を
補ってくれることだま

わ れ す

「け」と
相性の良いことだま

き い え

ことだま開運法

「周りへの気配りを忘れないこと」

現代で「氣（＝き）」と表現されているチカラは、古代では、「け」とあらわされていました。「け」のことだまをもつ人も、「き」のことだまをもつ人と同じく「氣」にかかわる働きをもっていますが、働きが少し違います。単独行動を好む「き」に対して、「け」のことだまは、たくさんの人に囲まれていることでエネルギーが高まります。

そこで、「け」のことだまをもつ人の開運のコツは、「周りへの気配りを忘れないこと」です。周りにたくさんの人が集まってくることでパワーアップできる人なので、周囲への気配りが大切です。

こ

音のエレメント　地

ことだまシンボル　米

米は神さまが授けてくれた食べ物だと信じられています。手間ひまをかけ、1粒の種もみを500粒、1000粒に育てる根気強さ、長期的に物事に取り組める姿勢をあらわしています。

KEYWORDS

まじめ。芯《しん》が強い。日常に喜びを見出す。「こつこつ」丁寧に積み上げていく。最初に努力してあとから大きな結果を出す。

こつこつ努力を重ねる人

「こ」のことだまをもつ人の陽の側面は、堅《けん》実《じつ》に物事を進めていくのが得意なこと。勢いで推《お》し進めるのではなく、ひとつずつ着実にカタチにしていくチカラをもっています。

派手なことよりも、常識的で地に足が着いていることが好きです。毎日を楽しむ知恵にあふれ、日常のささいなことに喜びを見出すチカラをもっています。芯が強く、困難に負けない強さがあります。

陰の側面は、慎重になりすぎてしまうところ。おもてに立つより裏方が好きなタイプでもあり、自分のチカラが発揮できる場面でも、消極的になってしまうことがあります。

「こ」を
補ってくれることだま

さ あ り

「こ」と
相性の良いことだま

ぬ ゆ わ

ことだま開運法

「自分の努力を自分で認めてあげること」

「こ」のことだまをもつ人は、粘り強く、繰り返し続けるチカラのある人です。面倒なことを地道にやり遂げる持久力がありま す。さまざまなものをカタチにする能力をもっていて、最後まであきらめません。トラブルに遭っても、へこたれない「芯の強さ」をもっています。

だからこそ、「こ」のことだまをもつ人の開運のコツは「自分の努力を自分で認めてあげること」です。

「まだまだ頑張らないと」と謙虚《けんきょ》になりすぎてしまい、自分のチカラを否定しがちな面がありますが、1歩1歩着実に進歩していることを、自分で認めることが大切です。

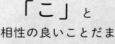

さ

音のエレメント　火

ことだまシンボル　酒

KEYWORDS

束縛《そくばく》が嫌い。常に楽しいことを探している。一人行動が得意。「さっぱり」「サバサバ」。フットワークの軽さが魅力。

「酒」は、「さっと幸せになれる食べ物（け）」。一人で飲んでも、みんなで飲んでも楽しめるお酒のように、一人でも、大人数でも、状況に応じた人生の楽しみ方ができることを示しています。

束縛を嫌う自由人

「さ」のことだまをもつ人は、束縛を嫌い、自由気ままに動き回っていたい人です。陽の側面は、世間の常識に縛《しば》られず、自分が楽しい、心地良いと思うことを求めて、常にアンテナを張り巡らせているところ。物事の要点を押さえ、たいていのことを要領良く、手際良くこなせる器用なタイプです。

とても明るく行動力があり、リーダーとして活躍するチカラをもっていますが、一匹狼的な行動を好みます。

陰の側面は、興味の対象が幅広いために熱しやすく冷めやすい点。じっくりとひとつのことに取り組むのは苦手です。

「さ」を
補ってくれることだま

と　こ　か

「さ」と
相性の良いことだま

す　は　ら

ことだま開運法

「周りの人に感謝の気持ちを伝えること」

「さ」のことだまをもつ人は、自分が楽しいと思うことを察知する能力は誰にも負けません。苦しいことや我慢することは苦手で、無理に続けても良い結果が出ません。好きなコトだけをしていたほうが結果が出る人です。また、五感の心地良さを大切にする人が多いのも特徴です。

「さ」のことだまをもつ人の開運のコツは、「周りの人に感謝の気持ちを伝えること」です。

いつも自分の「好き」に従って動いていられるのは、周りの人の協力があってこそ。そう思えると運気がアップします。

し

音のエレメント　風

ことだまシンボル　塩

KEYWORDS

頭の回転が速い。段取り上手。物事をまとめる力がある。「しっかり者」。仕事脳のもち主。

あらゆる料理のバランスを調《ととの》える塩。物事を仕切ったり、周りにアドバイスをして場を引きしめます。また、その匙《さじ》加減は〝適量〟が大切であることを示しています。

コストパフォーマンス重視の人

「し」のことだまをもつ人の陽の側面は、バランス感覚に優れ、その場にもっとも的確なアドバイスができるところ。また、言葉選びのセンスが良く、段取り上手なところです。

物事の先を読み、きちんと落としどころがわかります。論理的に説明したり、交渉したりすることが得意です。感情的に熱くなるよりも、クールに判断していきたい人。ほど良い距離を好みます。

陰の側面は、べったりした関係が苦手。また、相手の感情に寄り添った表現をすることや、反対に相手から感情的な言葉を聞くのが苦手で、冷たく思われることがあります。

「し」を
補ってくれることだま

てにら

「し」と
相性の良いことだま

やれと

ことだま開運法

「カッコ悪いことも選択してみること」

「し」のことだまをもつ人は、独自のビジネスセンスをもっています。行動力があり、自分のペースで進めていくことが得意です。

また、コストパフォーマンスを考えながら仕事を進めていくことができるので、指導者に向いています。スマートなふるまいを好み、みっともないところは、人に見せたくない気持ちが強い人です。

だからこそ、「し」のことだまをもつ人の開運のコツは、「カッコ悪い、泥臭《どろくさ》いことも選択してみること」です。何事もバランス良く成し遂げるのが得意ですが、たまにはバランスをあえて崩し、感情的に行動してみることで、道が拓けてきます。

す

音のエレメント　空

ことだまシンボル　鈴

鈴は、すがすがしい音色で場を祓《はら》い清める、魔除《まよ》け、浄化の象徴です。また、神さまをお招きするための合図としても用いられています。人の心や場をスッキリ「素」に戻す働きを示します。

KEYWORDS

感性が鋭い。自発的。融通《ゆうづう》がきく。モヤモヤを「すっきり」させる浄化作用の高い人。すがすがしい場をつくり出す。

物事をすいすい進められる人

「す」のことだまをもつ人の陽の側面は、感性が鋭く、独自のアンテナをもっているところ。好奇心が旺盛で、ひとつのところに留《とど》まらず、常に先へ、先へと進んでいく人です。

流行にもかなり敏感で、さまざまな状況の変化に対応できる柔軟性をもっています。また、自発的に行動することが得意ですが、周りの空気を読んで行動することもできるでしょう。

陰の側面は、あきらめが早いところ。適応能力が高く、とくに強いこだわりをもっているわけではないため、粘り強さはあまりありません。

「す」を
補ってくれることだま

や　ゆ　へ

「す」と
相性の良いことだま

れ　さ　あ

ことだま開運法

「ひとつずつ カタチにしていくこと」

「す」のことだまをもつ人は、自分が中心となって、自発的にどんどん物事を進めていくチカラをもっている人です。動き回っているほうが好きで、次々に新しいことにチャレンジしますが、深めたり続けたりすることには、あまり興味がありません。

そこで、「す」のことだまをもつ人の開運のコツは、「ひとつずつカタチにしていくこと」です。新しいことにチャレンジすることも大切ですが、まずは目の前のものからひとつずつきちんと向き合い、カタチにしていくように心がけると、できることの幅がグンと広がります。

せ

音のエレメント　風

ことだまシンボル　瀬

KEYWORDS

勢いがある。行動力がある。正義感が強い。「せっかち」。「せっせ」と突き進む。全力で積極的に取り組む。

川の流れの急なところ、物事に出合う機会をあらわしています。勢いに乗ると、立ち止まることなく、どんどん突き進むことができます。信じた道を突き進むことの象徴です。

積極的に行動する人

「せ」のことだまをもつ人は、機を逃さず行動できます。その勢いは、誰にも止めることができません。陽の側面は、いったん何かにハマると、ものすごい突破力を発揮し、自分の信じた道をわき目もふらずに突き進むチカラをもっていること。

制限をつけず、高い目標に挑戦することで士気《しき》が上がります。また、好きな人ができると、周りの目よりも、自分の気持ちを優先する人です。

陰の側面は、行動に勢いがあるぶん、急な方向転換は苦手なことです。一度決めたことは、ダメだとわかってもやり抜きたい、いじっぱりな面もあります。

「せ」を
補ってくれることだま

こ ね わ

「せ」と
相性の良いことだま

え へ れ

ことだま開運法

「ひとつのことに集中すること」

「せ」のことだまをもつ人は、やりたいことが見つかると全力投球します。身体を使って動き回っているほうが調子が良く、じっと考えこんでいるのは性に合いません。勢いがあるぶん、はじめに方向性を決めて動かないとムダな動きをすることになります。

そんな、「せ」のことだまをもつ人の開運のコツは、「ひとつのことに集中すること」です。

とてもまっすぐなエネルギーをもっているので、わき目をふらずひとつのことに集中すると、ものすごいチカラを発揮できます。方向性を決めて動くことが大切です。

そ

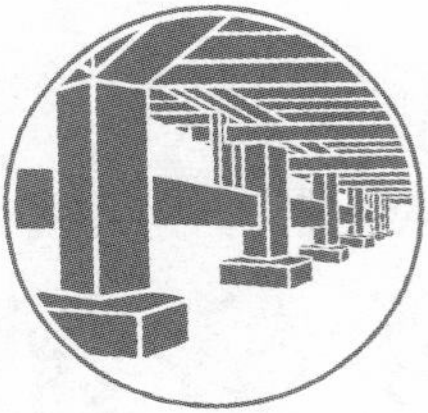

音のエレメント　**風**

ことだまシンボル　**基礎**

建物の基礎がシンボルです。人目につかないところで努力し、物事の土台を築くことを示しています。「縁の下のチカラもち」として人の役に立ちます。

KEYWORDS

現実的。器が大きい。統率力がある。相談されると張り切る。「組織」の「基礎」をつくるのが得意。足場を固める。

縁の下のチカラもち

「そ」のことだまをもつ人の陽の側面は、人をまとめる能力が高いところ。現実的な思考と広い視点から、物事をとらえることができる人です。相手の反応を見てから動くのが得意で、地味で目立たないところにも目を向けて、きちんと土台を固めることができます。人々をまとめ上げ、大きなことを成し遂げるチカラをもっています。

陰の側面は、全体像を見てから動きたいので、その場の勢いやノリで何かを頼まれるのは苦手なこと。しかし、「自分が我慢すればいいや」と考えて、本音を言えない傾向があり、結局は引き受けてしまいがちです。

「そ」を
補ってくれることだま

ちまれ

「そ」と
相性の良いことだま

のこと

ことだま開運法

「大志をもつこと」

「そ」のことだまをもつ人は、多くの人をまとめるチカラをもっています。見えないところで努力している頑張り屋さん。「縁の下のチカラもち」の立場にあり、他人にあまり愚痴《ぐち》などをこぼしません。みんなのためになることが好きで、チームワークで動くのも得意です。

だからこそ、「そ」のことだまをもつ人の開運のコツは、「大志をもつこと」です。土台からきちんと整えることで、チカラを発揮できるタイプのため、大きな志《こころざし》をもてば、強いリーダーシップを発揮していくことができます。

た

音のエレメント　火

ことだまシンボル　竹

成長のスピードが速い竹。風雪《ふうせつ》に耐えるタフさももっています。竹林はそれぞれの竹の根っこが地中でつながっており、それが「面倒見の良さ」も示しています。

KEYWORDS

努力家。精神力が強い。行動力がある。やりたいことがたくさんある。意地でも目標を達成する。

人に頼られるリーダー

「た」のことだまをもつ人の陽の側面は、決めたことを意地でもやり遂げる強い精神力をもっていること。高い目標に向かって情熱的に突き進み、結果を出す努力家です。何事も、積極的に推し進めていけるパワフルさをもち、人から頼られることが多いリーダー気質。トラブルにも負けないタフな精神力をもっています。

陰の側面は、何でも自分でやりたがるところ。一人で抱え込み、人に任せられない面をもっています。面倒見がいいので、ほかの人の仕事を引き受けていっぱいいっぱいになってしまうことも。

「た」を
補ってくれることだま

ゆ ね み

「た」と
相性の良いことだま

な か え

ことだま開運法

「先延ばしにせず、周りを気にせず取り組むこと」

「た」のことだまをもつ人は、決断力があり、人から頼りにされる人です。頑張ればたいていのことは達成できるので、かえってたくさんのことを抱え込んでしまいます。人から頼りにされると弱く、文句を言いながらも、結局は引き受けてしまうので、本当にやりたいことがあと回しになってしまいがちです。

だからこそ、「た」のことだまをもつ人の開運のコツは、「やりたいことを先延ばしにせず、周りを気にせず取り組むこと」です。目の前のことに追われるのではなく、自分の理想に向けて行動するとき、素晴らしいエネルギーを発揮します。

ち

音のエレメント　火

ことだまシンボル　千手観音《せんじゅかんのん》

千の手と千の目で、あらゆる生き物を助ける千手観音。人助けが好きで、周りに目をくばり、手を差し伸べる愛情の深さをあらわしています。

KEYWORDS

よく気がつく。尽くすのが好き。愛情豊か。「ちょこちょこ」と工夫する世話好きさん。人に優しく手を差しのべられる。

思いやりにあふれた人

「ち」のことだまをもつ人の陽の側面は、感情をとても大切にするところ。自分の好きになった人やコト、モノに、惜しみなく愛情をそそぎます。

気遣いが細やかで、思いやりがあるのも魅力です。そのため、愛情をそそぐ対象があると、イキイキします。だからこそ、恋愛面でも、自分のことはあと回しにしてしまうほど、「好きになったら一直線」でパートナーに一《いち》途《ず》に尽《つ》くします。

陰の側面は、受け取りベタなところ。心にゆとりがなくなると、自分が好きでしたことなのに、相手に見返りを期待しがちです。

「ち」を
補ってくれることだま

ひ　そ　し

「ち」と
相性の良いことだま

ん　も　ふ

ことだま開運法

「自分自身を大切にすること」

「ち」のことだまをもつ人は、人のために尽くすことに喜びを感じる人です。世話好きで、自分を犠牲にしてまでも、人のために愛情をそそぐところがあります。人の気持ちに左右されやすく、相手の悩みを自分のことのように感じます。

「ち」のことだまをもつ人の開運のコツは、まず「自分自身を大切にすること」です。自分のことよりも人のお世話をしているほうが楽しい人ですが、自分を大切にしないと、本当の意味での幸せは得られません。

また、自分の好きな対象だけでなく、もっと広い視点でとらえて行動すると、与えた愛情が何倍にもなって返ってきます。

つ

音のエレメント　地

ことだまシンボル　都

「都《つ》」は中心的な土地。「津《つ》」は船着き場。「つ」は、人やものが「集《つど》って」くる場所を意味し、自然と人を惹《ひ》きつける能力や、情報をつないでいくことを象徴しています。

KEYWORDS

論理的。勉強好き。物事を突き詰めて考える。独自の分析を「追求」して、情報を「伝えて」いく。

情報収集・分析が得意な人

「つ」のことだまをもつ人の陽の側面は、情報を収集して独自の視点で分析するところです。

学び好きで、知識が豊富。知的なことにこだわりがあります。あらゆる場面で、従来のやり方や考え方ではない「オリジナル」を生み出そうとする人です。「どうすればより良くなるか」を常に考えます。また、その試行《しこう》錯誤《さくご》する過程を楽しめる人でしょう。

陰の側面は、自分の考えにこだわりすぎると、内にこもってしまう点です。そうなると、ほかの人の発想やアドバイスを受け入れられません。

「つ」を
補ってくれることだま

ねえさ

「つ」と
相性の良いことだま

やうて

ことだま開運法

「人とのつながりを大切にすること」

「つ」のことだまをもつ人は、考えることが好き、学ぶことが好きな勉強家です。学んだことを深め、新しい考え方を構築していくチカラをもっています。「広く浅く」よりも、「深く狭く」のほうが得意です。考えることが好きすぎて、自分一人の世界に入り込んでしまうところがあります。

そんな、「つ」のことだまをもつ人の開運のコツは、「人とのつながりを大切にすること」です。

人とのかかわりを意識的にもち、情報交換をしていくこと、関係を次につなげていくことで、新しい視点を得ることができます。

て

音のエレメント　地

ことだまシンボル　手

手は仕事、手段、方法の象徴。「運転手」「担い手」など、動作に「手」をつけると「役割」「仕事」になります。専門性と自分の力でやり遂げることを示しています。

KEYWORDS

一徹《いってつ》。技術を磨《みが》く。芯が強い。「手抜き」ができない職人気質。言葉よりも行動で示す。自分の哲学を貫《つらぬ》く。

徹底的にやり抜きたい人

「て」のことだまをもつ人の陽の側面は、独自の世界観をもち、自分なりの哲学をとことん追求すること。人と協力して何かをするより、集中して一人で取り組むことが得意な人です。こだわりをもって取り組むことで、充実感が得られます。器用で、わりと何でもこなしますが、何でもかんでも引き受けるのではなく、ひとつのことに秀《ひい》でるスペシャリストになるほうが能力を発揮することができます。

陰の側面は、職人的な考え方をしがちで、頑固になる傾向があるところ。自分流で進めたいため、ほかからの発想を受け入れられません。

「て」を
補ってくれることだま

りしわ

「て」と
相性の良いことだま

むにく

ことだま開運法

「人の意見も取り入れてみること」

「て」のことだまをもつ人は、同じことをやり続ける根気強さをもっている人です。責任感が強く、任された役割をきっちりこなします。興味があることには、ものすごい集中力を発揮します。ただし、自分のこだわりがありすぎて、ほかの発想が受け入れられないことがあります。

だからこそ、「て」のことだまをもつ人の開運のコツは、「人の意見も取り入れてみること」です。強いこだわりのある自分のやり方に、人の意見を取り入れていくことで、物事のクオリティをさらに上げることができます。

と

音のエレメント　地

ことだまシンボル　鳥居

KEYWORDS

俯瞰《ふかん》の「鳥の目」をもっている。観察・分析が得意。バランスを大切にする。責任感の強い「とりまとめ」役。

大和言葉の数え方で「と」は10のこと。「区切り」「まとめ」の意味があります。物事を一区切りし、とりまとめて、次のステージに進む様子を鳥居であらわしています。

物事を公平に判断する人

「と」のことだまをもつ人の陽の側面は、物事を公平に俯瞰的な視点で観察するチカラをもっていることです。

人や物事を冷静に観察・分析することができるため、他人にアドバイスすることが得意な人です。

どんなときも着実さや堅実さを大切にしていて、極端なことよりも、バランスの良いこと、安心・安全であるかということを重要視します。

陰の側面は、バランスや公平さを大事にしすぎて、なかなか解決策を見出せなかったり、同じところに留まって思い切った決断ができなかったりするところです。

「と」を
補ってくれることだま

ぬ ひ あ

「と」と
相性の良いことだま

お よ し

ことだま開運法

「身近な人を大切にすること」

「と」のことだまをもつ人は、「守りの力」が強い人です。攻撃より守備が得意。自分のところにやってきた人や情報と交流するのが得意です。

安心感があるため、人から相談されたり、頼られたりすることも多いでしょう。責任感も強く、相談されたり仕事を任されたりすると、とことん取り組みます。だからこそ、心を許せる身近な人を、ついついおろそかにしてしまいがちです。

「と」のことだまをもつ人の開運のコツは「身近な人を大切にすること」です。家族やパートナー、身近な友人に対するケアがあと回しにならないよう気をつけましょう。

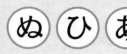

な

音のエレメント　火

ことだまシンボル　七重の塔

五重の塔より天高くそびえる七重の塔。「それなりの成果」では満足しない理想の高さ、より緻《ち》密《みつ》に物事を成し遂げようとする完璧主義な性質をあらわしています。

KEYWORDS

完璧主義。努力家。理想が高い。「なぁなぁ」が苦手なしっかり者。繊細で傷つきやすいガラスのハートのもち主。

最後まで完璧にする人

「な」のことだまをもつ人の陽の側面は、物事を完成させるチカラをもっていること。興味があることや、人に頼まれたことに集中して取り組み、完璧に成し遂げます。

また、理想が高く、自立しており、誰かと協力して物事に取り組むよりは、一人でじっくりとクオリティを高めていくタイプです。自分の役割に対する責任感がとても強い人でもあります。

陰の側面は、一人で何でも抱え込んでしまうところ。繊細で傷つきやすく、警戒心が強い面があります。「完璧」にこだわりすぎて、やる気をなくすことも。中途半端が苦手です。

「な」を
補ってくれることだま

めろせ

「な」と
相性の良いことだま

たきか

ことだま開運法

「意地を張らずに素直になること」

「な」のことだまをもつ人は、決めたことをやり通す強い信念をもっています。

自分が納得できるまで取り組み、結果を出していきます。決めたことができないと落ち込み、ちゃんとできていることまでイヤになってしまう「完璧主義」です。そして、意外と人の言うことが気になったりもします。

ですから、「な」のことだまをもつ人の開運のコツは、「意地を張らずに素直になること」です。たとえ思ったような結果が出なくても、素直に今の自分を認めましょう。ムダに思えることでも、今後の人生に経験として活きてきます。

に

音のエレメント　地

ことだまシンボル　にぼし

KEYWORDS

独創的。マイペース。オリジナル。人の意見に左右されない。「人情味あふれ」自分流を貫く人。

噛《か》めば噛むほど味が出るにぼしは、何度も味わったり、長い時間共に過ごすことで良さがわかります。出汁《だし》だけでなく、丸ごと食べれば歯や骨が丈夫になるというように、多面的な魅力があります。

独創的でセンスのある人

「に」のことだまをもつ人の陽の側面は、独創的でマイペースな点。常識的な価値観よりも、自分らしさを大事にします。

誰とでもうまくやるというよりは、深く狭い人づき合いを得意とする人です。

独特のユーモアのセンスをもっており、「ふつう」とは一線を画《かく》すような工夫をしたり、アイデアを出したりするのが得意です。興味をもっていることに関しては、かなりのやる気と集中力を見せ、才能を発揮していきます。

陰の側面は、常識的な価値観を気にしなさすぎるところ。グループ行動は苦手です。

「に」を
補ってくれることだま

しらち

「に」と
相性の良いことだま

りてな

ことだま開運法

「一人の時間を大切にすること」

「に」のことだまをもつ人は、独自の世界観をもつ人です。仕事においてもプライベートにおいても「自分らしさ」を大切にしていて、常識的な価値観や流行よりも、自分だけの「オリジナル」が好きです。また、そんな自分のセンスを理解し、認めてくれる人を大切にします。

だからこそ、「に」のことだまをもつ人の開運のコツは、「一人の時間を大切にすること」です。人に無理に合わせるよりも、自分らしい個性を大切にすることで、自分の世界が深まったり、アイデアが湧いてきたりと、その魅力が磨かれます。

ぬ

音のエレメント　地 ▲

ことだまシンボル　ぬか漬け

KEYWORDS

初志貫徹《しょしかんてつ》。計画性がある。地道。安定した環境で能力を発揮する。頑固者。「ぬくもり」と包容力がある人。

漬け込むことで、野菜の栄養を高める働きのある米ぬか。手間と愛情をかけることで、自分らしさや味わい深さが加わり、かかわる人の性質を高めていけることを示しています。

地道に努力できる人

「ぬ」のことだまをもつ人の陽の側面は、意思が強く、計画性をもってやり遂げるチカラをもっていること。粘り強く、毎日コツコツと努力できます。とても堅実で、繰り返し同じ作業が必要な仕事が得意です。安定している環境のほうが、落ち着いて物事を進行することができます。頑張り屋さんで、芯が強い人です。

陰の側面は、決めたことを実行するのが得意な反面、発想の転換や切り替えが苦手なところです。常識的なことが好きであるため、新しい発想やアイデアは、なかなか浮かびにくいでしょう。

「ぬ」を
補ってくれることだま

い は や

「ぬ」と
相性の良いことだま

こ く う

ことだま開運法

「同じことをやり続けること」

「ぬ」のことだまをもつ人は、目の前のことに一生懸命になれる人です。地に足が着いていて、今やるべきことをしっかりと受け止め、ひとつずつ確実に行なっていくチカラがあります。地道で頼りがいがあり、ひとつのことを貫くことができる芯の強い人です。

「ぬ」のことだまをもつ人の開運のコツは、「同じことをやり続けること」です。「マルチタスク」をしなければと焦る必要はありません。無理に多くのことをしなくても、丁寧に、まじめに取り組むことで、世界が広がっていきます。

ね

音のエレメント　水

ことだまシンボル　根

植物が大きく成長するためには、根をしっかりと張ることが大切。人が気づかないような、目に見えない部分に気づく力があることを示しています。

KEYWORDS

察する能力が高い。タイミングを読むのが上手。頭の回転が速い。「根回し上手」。洞察《どうさつ》力がある。気持ちに寄り添う。

察する能力の高い人

「ね」のことだまをもつ人の陽の側面は、人の心の動きに敏感で、相手が何を望んでいるかを察知するチカラがあるところ。そのため、そのとき、一番必要な行動を取ることができます。頭の回転が速く、「今!」というタイミングを読むのが得意です。

争いを好まない平和主義者で、周りに安らぎを与えます。また、気持ち良く人に依頼をできる、「お願い上手」な人でもあります。

陰の側面は、人に頼るのが上手いので、他力本願《たりきほんがん》になりがちなところです。自分がどう思うかより、他人がどう考えているかで動きがちです。

「ね」を
補ってくれることだま

たつか

「ね」と
相性の良いことだま

めほわ

ことだま開運法

「自力で限界まで頑張ってみること」

「ね」のことだまをもつ人は、人の心の動きに敏感です。相手の心に寄り添い、強い自己主張をせずに、大きなチカラを得ることができます。また、お願い上手なので、「気がついたら人にやってもらっていた！」ということも多く、いろいろな場面で自分のチカラを使わずに済んでしまうということもあります。

そこで、「ね」のことだまをもつ人の開運のコツは、「自力で限界まで頑張ってみること」です。自分の「根っこ」を鍛《きた》え、いざというときに一人で踏ん張ることのできるチカラを伸ばすことが、開運のカギです。

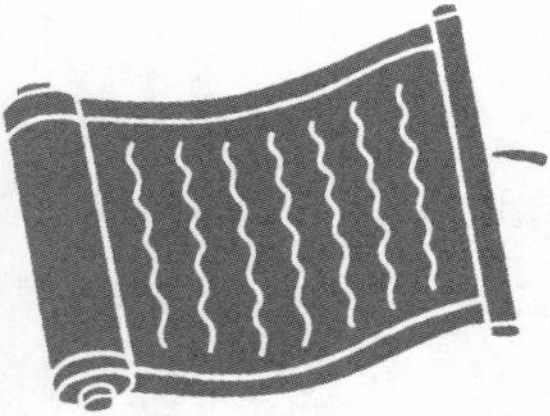

の

音のエレメント　地

ことだまシンボル　巻物

KEYWORDS

内に秘めた思いが強い。笑いを大切にする。「のんびり」「のびのび」「マイペース」。興味のある分野について熱く語る。

これまで自分が見聞きしてきた情報、自分なりの人生の法則を心の中で書きとめた、マイルールブックである「巻物」がシンボルです。「マイルール」を、何より優先して守ります。

マイルールを貫く人

「の」のことだまをもつ人は、人見知りで恥ずかしがり屋さん。相手をよく見極めてから打ち解ける、内に秘めた思いの強い人です。

陽の側面は、信念があるところ。自分で決めたマイルールを大事にしていて、「(自分のルールで) きちんとする」ことを優先します。そして、こうと決めたら、テコでも動かない意志の強さももっています。分析力があり、独自の笑いのセンスももっています。

陰の側面は、考えてから動くタイプで、即断即決が苦手なところ。本人に悪気はありませんが、会話がとつぜん毒舌《どくぜつ》(ブラックユーモア) になることも。

「の」を補ってくれることだま

と ひ ん

「の」と相性の良いことだま

く な り

ことだま開運法

「自分らしさを出すこと」

「の」のことだまをもつ人は、人当たりが良く、やわらかい雰囲気をもっています。一見、誰とでも上手につき合えるように見えますが、実は、人見知りで警戒心が強め。一方で、家族などの心を許している人の前では、急に強気になるところがあります。また、自分の正しさを頑固に主張します。

そこで、「の」のことだまをもつ人の開運のコツは、「自分らしさを出すこと」です。内に秘めている思いが強いので、急に想いを主張して、周りからびっくりされることがあるからです。少しずつ、気持ちを小出しにしていくことで、そのギャップを埋めることができます。

は

音のエレメント　火

ことだまシンボル　羽

「はばたく」「はねる」など、自由にあちこちを飛び回る様子を「蝶《ちょう》の羽」であらわしています。軽やかさ、晴れ晴れとした性質をもつています。

KEYWORDS

明るい。楽天的。癒やし系。周囲を「はぁ」とリラックスさせる、ゆるキャラ。男性性、女性性に偏《かたよ》らない中性的な魅力をもつ。

周りを明るく癒やす人

「は」のことだまをもつ人の陽の側面は、春のような優しい雰囲気をもっているところ。また、豊かな発想力で、周りに元気を与えることもできます。たとえ困ったときでも、「どうにかなるさ」の精神で取り組む楽天的な面があります。一生懸命取り組んでいるのに、おっちょこちょいな雰囲気も、人から愛される理由のひとつです。ルールに従って動くのはあまり得意ではなく、独自の動きをします。

　陰の側面は、失敗したときに、問題を見なかったことに、先送りにしようとする傾向があるところです。

「は」を補ってくれることだま

ろ　も　よ

「は」と相性の良いことだま

あ　ら　み

ことだま開運法

「自然体でいられる環境にいること」

「は」のことだまをもつ人は、明るく、自然体の癒やしキャラです。周りの人から「天然」と言われる人も多いでしょう。

のんびりしているように見えますが、深刻なことさえも笑い飛ばしてしまう芯の強さももっていて、周りにいつも笑いが絶えません。元気ハツラツ。沈んだ心を軽やかにできます。

そこで、「は」のことだまをもつ人の開運のコツは、「自然体でいられる環境にいること」です。

本来の自分を活かせる場にいることで、魅力を発揮していきます。

ひ

音のエレメント　火

ことだまシンボル　太陽

ピカピカと自《みずか》らが光を放ち、周りも明るく照らしていくことの象徴です。「自分が主役」と突き進むエネルギーの強さをもっています。

KEYWORDS

束縛が嫌い。自分らしさが何よりも大事。頼られることが好き。「ピカピカ」輝くお日さまキャラ。非凡な才能を発揮したい。

オンリーワンでナンバーワン

「ひ」のことだまをもつ人は、自分らしさを何よりも大切にしています。陽の側面は、存在感と自己アピール力の両方が備わっており、周りに自分を表現していくことが得意なこと。

人から頼られるのも好きで、チームをまとめるリーダーとして活躍するチカラももっています。

負けず嫌いで、人に頼られることが好きですが、表面的には強がっていても、実は寂しがり屋さんです。

陰の側面は、人の意見を聞かずに強引にまとめようとするなど、一人で判断しがちなところです。

「ひ」を
補ってくれることだま

よ の く

「ひ」と
相性の良いことだま

あ ろ え

ことだま開運法

「『誰にも負けない』と思えるものをもつこと」

「ひ」のことだまをもつ人は、「自分らしさ」に重きを置いています。「みんなと同じ」なのはイヤ、「人と違う」と評価されることに喜びを感じる人です。リーダーとして周囲を引っ張っていくパワフルさと、人を惹きつける魅力をもっています。また、無邪気な面も強く、思ったことが顔に出やすい人です。

だからこそ、「ひ」のことだまをもつ人の開運のコツは、「これは『誰にも負けない』と自分自身で思えるものをもつこと」です。自分らしさを表現できるものをもつことで、自信をもって生きていくことができます。

ふ

音のエレメント　空

ことだまシンボル　風車《かざぐるま》

KEYWORDS

度量が広い。癒やし系。打たれ強い。何事も「ふーん」と受け流す。風の吹くまま気の向くまま。フレキシブルな対応ができる。

「ふ」のことだまは風をあらわし、シンボルは風向きを読むことができる風車です。周りの状況に合わせて柔軟に対応できることを示しています。

度量の広い癒やし系

「ふ」のことだまをもつ人の陽の側面は、度量が広く、さまざまなことを受け入れるチカラがあるところ。

強い信念をもって行動するというよりも、その場のなりゆきに任せて動いていくタイプ。柔軟性があり、どんな状況にも対応することができます。

たとえ自分が納得のいかないことでも、手を抜いたりせず、きちんと対応できる「大人」な部分をもっています。

陰の側面は、人と争うのが苦手なこと。言いにくいことは口に出さず、相手に察してもらおうとするところがあります。

「ふ」を補ってくれることだま

うあり

「ふ」と相性の良いことだま

わほね

ことだま開運法

「自分の意見をハッキリ言ってみること」

「ふ」のことだまをもつ人は、マメに人をサポートしながら、自分のやりたいことを叶《かな》えていく人です。困難にもへこたれず、それを受け入れて、前に進み続けていくチカラをもっています。

しかし、相手によって対応方法を変えるので、自分でも方向性がわからなくなるときがあります。

そんな、「ふ」のことだまをもつ人の開運のコツは、「自分の意見をハッキリ言ってみること」です。まず相手の気持ちを考える人ですが、本当にやりたいことがあるときは自己主張することも必要です。

へ

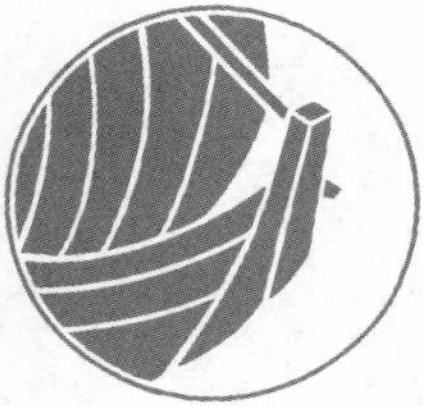

音のエレメント　火

ことだまシンボル　へり

「へり」は中心から離れた端《はし》。シンボルは船の「舳先《へさき》」で示しています。価値観を大事にして自ら舵《かじ》をとっていくという意味が込められています。

KEYWORDS

行動力がある。意志が強い。平然。トラブルに負けない。「へこたれない」パワフルな人。変化をもたらす異端児《いたんじ》。

独創性と行動力の人

「へ」のことだまをもつ人の陽の側面は、誰が何と言おうと、自分で決めたことをやり遂げる強い意志をもっているところ。人に合わせるよりも、自分で決めた道を進んでいくチカラが強い人です。

目に見える成果を生み出したい人なので、言うだけでカタチにならないのは苦痛です。行動力があり、自分のルールに基づいて進んでいきます。

陰の側面は、自分の意見にこだわるあまり、へそまがりになってしまうところ。あまのじゃくで、人の意見が耳に入らなくなることもあります。

「へ」を補ってくれることだま

け　や　ま

「へ」と相性の良いことだま

せ　て　え

ことだま開運法

「意地にならずに、素直になること」

「へ」のことだまをもつ人は、とても意志が強い、頑張り屋さんです。また、独創性が豊かで、意外性があることが好き。人と違う視点で取り組んでいくことに喜びを覚えます。

ただ、自分の考えにこだわりすぎて、一度決めたことを変えられないところがあります。

そこで、「へ」のことだまをもつ人の開運のコツは、「意地にならずに、素直になること」です。たとえ一度決めたことでも、素直になって考え直してみること。周りの人の良さを受け入れる勇気をもつことで、可能性が何倍にも広がります。

ほ

音のエレメント　水

ことだまシンボル　日本茶

「ほんわか」「ほっこり」とした様子を示すことだま。「ほっ」とひと息つける日本茶で示しています。一緒にいると気持ちが安らぐ性質です。

KEYWORDS

「ほんわか」「ほっこり」
あたたかい。しっかり者。気遣い上手。周りとの調和を重んじる。補作役が得意。

調和を大切にする人

「ほ」のことだまをもつ人は、親しみやすいムードメーカーです。また、年齢に関係なく、しっかりしていて精神年齢の高い人が多いのが特徴です。

陽の側面は、場の空気を読むチカラに長け、周りとの調和を大切にするところ。一緒にいるとリラックスできて、ほんわかした空気をもつ気遣い上手な人です。

包容力があり、人から頼りにされることが好きです。

陰の側面は、人に同調しすぎてしまうわりには、「隠れ頑固」なところ。こだわりすぎて前に進めないことがあります。

「ほ」を補ってくれることだま

もしる

「ほ」と相性の良いことだま

まみね

ことだま開運法

「ふだんから、意見を小出しにすること」

「ほ」のことだまをもつ人は、精神年齢が高く調和を重んじる一方で、物事の本質的なことを大切にしていて、「ここだけはどうしても譲《ゆず》れない」というものをもっています。

そんな、「ほ」のことだまをもつ人の開運のコツは、「ふだんから、意見を小出しにすること」です。

人の意見を尊重するあまり、「自分の意見をもっていない」と思われてしまうことがあります。ふだんから、ちょこちょこ意見を出していくことで、意見が通りやすくなります。

ま

音のエレメント　火

ことだまシンボル　鏡

KEYWORDS

「まっすぐ」「真正直」「まがれない」。頭の回転が速い。正義感が強い。学び好き。鏡のように真実を伝える役割。

真正面から向き合うことを意味することだま。三種の神器のひとつ、八咫鏡《やたのかがみ》がシンボルです。「まことのこと（本当のこと）」を大切にすることを示します。

まがったことが嫌いな正義の人

「ま」のことだまをもつ人の陽の側面は、頭の回転が速く、細かいところまで気がつくところです。

自分がリーダーとなって動くよりも、サブの立場で人を支え、細かくサポートをすることを好みます。

また、美的センスや、直感力に優れているほか、まっすぐで、まがったことが大嫌い。正義感がとても強い、きっちりとした人です。

陰の側面は、いい加減な人、曖昧《あいまい》なことを許せない性格。

どっちつかずな「グレーゾーン」が苦手で、ハッキリ白黒つけようとしがちです。

「ま」を
補ってくれることだま

そ ら し

「ま」と
相性の良いことだま

け ほ ん

ことだま開運法

「『負けるが勝ち』の姿勢を身につけること」

「ま」のことだまをもつ人は、好き嫌いがハッキリしていて、思ったことが顔や態度に出やすい人です。「ま」のことだまをあらわすイメージは、「正義の味方」。正しいこと、自分が信じているものを大切にします。しかし、自分が正しいと思ったことを相手に押しつけるところがあります。

そんな、「ま」のことだまをもつ人の開運のコツは、「『負けるが勝ち』の姿勢を身につけること」です。どんなに正しいと思えることであっても、相手も同じように感じているとは限りません。あえて白黒つけないこと、グレーゾーンをもつことで、世界が広がります。

み

音のエレメント　空

ことだまシンボル　水

みずみずしい感性、浄化能力があることを示します。田畑を潤《うるお》す雨、大河の流れ、グラスの水など状況に応じて臨機応変《りんきおうへん》に姿を変える対応力の象徴です。

KEYWORDS

柔軟性がある。場を明るくする。コミュニケーション能力が高い。相手の「身」になって考え、場の流れを読む人。

場を明るくする人

「み」のことだまをもつ人の陽の側面は、コミュニケーション能力に優れ、場を元気にするムードメーカーなところ。柔軟性があり、控えめで、自己主張は強くありませんが、周囲とのバランスをとるのが上手です。フレッシュな雰囲気をもっていて、たとえ忙しくても、気の合う仲間と一緒だと、楽しく仕事をすることができます。芯が強く、困難な状況でもへこたれないチカラをもっています。

陰の側面は、情に流されやすいところ。また、優柔不断でなかなか決断できません。ふだんは柔軟性がありますが、感情的になり、とつぜん氷のように固まって、頑固になる面ももっています。

「み」を
補ってくれることだま

たかや

「み」と
相性の良いことだま

ほゆい

ことだま開運法

「たまには自分が主役になってみること」

「み」のことだまをもつ人は、協調性があり、場の流れを読むのが上手な人です。自分が前に出るよりは、人をサポートすることに喜びを見出します。

そのような性格から、自分の中にアイデアがあっても周りを気にして発言せず、つい飲み込んでしまうことがあります。

そんな「み」のことだまをもつ人の開運のコツは、「たまには自分が主役になってみること」です。

控えめで前に出たがりませんが、リーダーや重要な役割を引き受けてみることで、ふだんと違う視点を身につけ、自分の新たな一面を発見することができます。

む

音のエレメント　地

ことだまシンボル　おむすび

KEYWORDS

集中力がある。堅実。哲学者。いろいろな情報を「結び」、新しい価値を見出す。既存《きぞん》の価値以上のものを生み出す。

おむすびは、大地の恵と海の恵。異なる性質を「結び」つけ、新たな価値を生み出すことを示しています。むすびには、「産霊《むすひ》」、万物を生み、成長させる霊力があります。

狭く、深く追究する哲学者

「む」のことだまをもつ人の陽の側面は、興味の対象に対して、狭く、深く、じっくりと落とし込んで研究していくところ。エネルギーを内にため込み、一点に集中させ、発揮していくチカラをもっています。

学び好きで、たくさんの情報を自分の中に取り込み、結合させて、新しい価値を生み出します。

陰の側面は、考えることが好きなので、自分の殻《から》に閉じこもってしまうところ。思考のループにはまってしまうと、ほかの人のアドバイスに耳を傾けられず、問題を解決する糸口がなかなか見つからなくなってしまうことがあります。

「む」を
補ってくれることだま

ねはさ

「む」と
相性の良いことだま

てぬう

ことだま開運法

「人に評価されなくても やり続けること」

「む」のことだまをもつ人は、多くのことをするより、じっくりとひとつのことに取り組んでいくことに向いています。時間をかければかけるほど、その魅力が活かされ、周囲にも伝わっていきます。

だからこそ、「む」のことだまをもつ人の開運のコツは、「人に評価されなくてもやり続けること」です。

なかなか成果が出ないからといって、途中であきらめてしまうのはもったいないこと。失敗は成功への過程。結果を焦るのではなく、「必ず成功する」と自分を信じてやり抜くことが大切です。

め

音のエレメント　風

ことだまシンボル　芽

植物の芽は、新たな生命が育まれること、新たな可能性を示しています。また、古代から女性のことを「女《め》」の1音であらわします。女性性が高く、気遣い上手な性質です。

KEYWORDS

ふだんは控えめ。お気に入りを大切にする。やりたいことが見つかると一直線。見る「目」をもった洞察力のある人。

観察・分析力に優れた人

「め」のことだまをもつ人の陽の側面は、人よりも1歩引いたところで、物事を観察・分析し、冷静に物事を判断する目利き力をもっているところ。

身近にいる大切な人たちや、自分の「お気に入り」を大切にします。ふだんは自分が前に出るというよりも、控えめにしている傾向があります。けれども、一度やりたいことが見つかると一直線に目標に向かいます。

記憶力が良く、何事もソツなく処理することができます。

陰の側面は、人当たりが良すぎるために、八方美人に見られることがあるところです。

「め」を補ってくれることだま

ふ　か　い

「め」と相性の良いことだま

く　ね　ま

ことだま開運法

「人の誘いにのってみること」

「め」のことだまをもつ人は、身内を大切にする意識が強い人です。ふだんは、意見をあまり強く主張することはありませんが、自分の大切な領域《りょういき》に触れたときは、ハッキリ発言するチカラをもっています。

なじみのある場所が好きで、新しいところにはなかなか足を運びたがりません。

「め」のことだまをもつ人の開運のコツは、「人の誘いにのってみること」です。「お気に入り」を大切にし、新しいチャレンジよりも「慣れていること」を優先しますが、ふだん自分ではやらないことをしてみると、新しい世界が広がります。

も

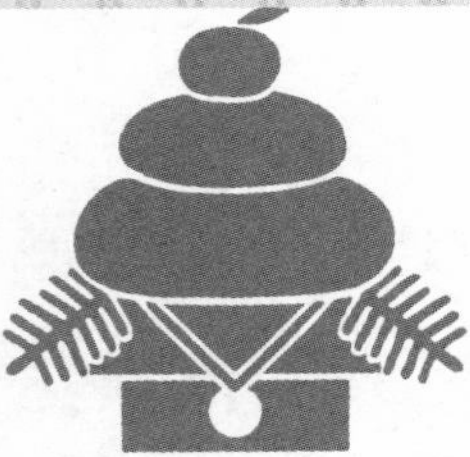

音のエレメント　地

ことだまシンボル　餅

KEYWORDS

自立心が強い。頑張り屋。粘り強く取り組む。面倒見が良い。「もくもく」と仕事をこなす責任感の強い人。

鏡餅のシンボルは、餅のように粘り強く物事に取り組むことをあらわしています。どっしりと構え、落ち着いて努力を積み重ねていくことの象徴です。

粘り強く、頼りになる人

「も」のことだまをもつ人の陽の側面は、頑張り屋なところ。「何でも自分でやりたい！」と、何事にも全力投球。自分一人でも立派にやり遂げようとする、自立心が強いのも特徴です。

本来は自分のペースで行動するのが好きですが、人から頼られると弱く、ついつい面倒を見てしまいます。

誠実で思いやりがあり、責任感の強い人でもあります。

陰の側面は、強い責任感から、人に頼ったり、任せたりするのが苦手なこと。自分で抱え込んでしまう傾向があります。

「も」を
補ってくれることだま

は ほ し

「も」と
相性の良いことだま

ま を と

ことだま開運法

「たまには、人に甘えてみること」

「も」のことだまをもつ人は、人に助けを求めるよりも、自分のチカラでやり抜きたい頑張り屋さん。目標に向かって、粘り強くトライを重ねます。ただ、困っていても、なかなか人に頼れません。

そこで、「も」のことだまをもつ人の開運のコツは、「たまには、人に甘えてみること」です。上手なお願いは信頼関係につながり、相手との距離感が縮まります。

とくに「名前」に「も」がつく女性は、男性に頼ることが苦手な人が多いため、意識的に頼る機会をつくることで、良い出会いにつながったり、パートナーシップが深まる可能性があります。

や

音のエレメント　火

ことだまシンボル　矢

KEYWORDS

決断力がある。感性が鋭い。感情表現がストレート。決めたら「矢」のように突っ走る。「やーっ」と勢いよく進む。

破魔矢《はまや》の「矢」がシンボル。素早く、まっすぐ突き進む様子をあらわしています。スピード感があり、迷わず行動できる性質をもつています。

好奇心が旺盛な人

「や」のことだまをもつ人の陽の側面は、感性が鋭く、感情表現がストレートなところ。直感で行動し、好き・嫌い、興味のあることとないことがハッキリしています。

好奇心が旺盛で、一度にたくさんのことをやろうとします。興味をもてば、誰よりも早く行動することができます。

陰の側面は、同じことの繰り返しが苦手なところ。取り組んでいることに喜びや楽しさが感じられないと、新たな刺激を求めて別のものに気持ちが移りがち。

興味のないことには、まったくの無関心です。

「や」を
補ってくれることだま

へ な め

「や」と
相性の良いことだま

あ す た

ことだま開運法

「進む方向を決めること」

「や」のことだまをもつ人は、自分で決断し、まっすぐに突き進むチカラをもっている人です。

裏表がなく、空気を読むというよりは、いさぎよく直球で勝負します。

このため、感じたままに突っ走り、方向性を見失ってしまうことがあります。

「や」のことだまをもつ人の開運のコツは、「進む方向を決めること」です。

ピンときたら、いろいろやりたくなってしまうタイプですが、いつも、自分がどの方向に進んでいきたいのかを、知ることが大切です。

ゆ

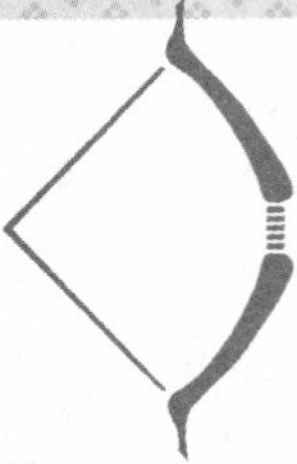

音のエレメント　地

ことだまシンボル　弓

KEYWORDS

ロマンチスト。秘めた情熱家。想像力が豊か。「ゆっくり」「ゆったり」着実に。決めたことは、周りから無理と言われてもやり抜く。

自分の中にエネルギーをため、狙って放つ「弓」。的《まと》（目標・やりたいこと）が決まれば、高い集中力で達成していけることを示しています。

ロマンチストな情熱家

「ゆ」のことだまをもつ人の陽の側面は、ふだんはゆっくりモードだけれど、内面に情熱を秘め、意思が強いところ。ロマンチストで、心の中に自分だけのストーリーをもち、夢の実現のために、多様なアプローチができる人です。

早さよりも、着実に成果を出していくことを好みますが、手慣れたことは別人のようにテキパキ進めます。

陰の側面は、妄想好きで、考えるだけで満足してなかなか行動に移せないところ。

また、自分のやり方にこだわり、人の意見を聞けなくなるところがあります。

「ゆ」を
補ってくれることだま

み　い　か

「ゆ」と
相性の良いことだま

う　ぬ　つ

ことだま開運法

「マイペースを保つこと」

「ゆ」のことだまをもつ人のエネルギーは、まるで温泉のお湯がマグマの熱にあたためられるように、ゆっくりとあたたまっていきます。自分の中にエネルギーをためてから動くタイプなので、時と場合によっては、なかなか動き出すことができませんが、結果的に自分のペースで動いたほうがうまくいきます。

そんな、「ゆ」のことだまをもつ人の開運のコツは、「マイペースを保つこと」です。言うことや、やることがコロコロ変わるのは苦手です。自分らしいペースを守るのが性に合っているので、人からペースを乱されない環境をつくることが大切です。

よ

音のエレメント　地

ことだまシンボル　夜

KEYWORDS

探究心が強い。慎重。用心深い。余裕をもって「よく」考え、「よし」となったら動き出す。

「夜」は、明日に備えて準備をする休息の時間。また、神々や霊的な存在が活発に活動する時間でもあります。静かに落ち着いて、これからに備える。用意周到《しゅうとう》な性質をあらわしています。

余裕をもって準備する人

「よ」のことだまをもつ人の陽の側面は、責任感が強く、与えられた役割をきっちりこなすところ。

考えることそのものが好きで、考えているうちはなかなか行動に移しませんが、予定が決まって、いざ動きはじめると、目標を達成するまであきらめずに頑張るチカラをもっています。

慎重で努力家、管理能力に優れています。陰の側面は、考えすぎて、タイミングを逸《いっ》し、チャンスを逃してしまうことがある点です。「じっくり思考派」であるため、行動せずにおわることもあります。

「よ」を
補ってくれることだま
あけひ

「よ」と
相性の良いことだま
ほとの

ことだま開運法

「『まず、やってみる』を意識すること」

「よ」のことだまをもつ人は、こうと決めたことに対しては、きちんと動くことができる人です。

ただ、完璧主義のため、なかなか行動に起こさず、石橋を叩きすぎて壊してしまうことがあります。

だからこそ、「よ」のことだまをもつ人の開運のコツは、「『まず、やってみる』を意識すること」です。

たとえ少々心配なことでも、自分の経験や知識を信じ、思い切って決断してみる。そうすることで、チャンスをつかむことができます。

ら

音のエレメント　火

ことだまシンボル　らくだ

KEYWORDS

天真爛漫《てんしんらんまん》。パワフル。切り替えが早い。「楽天的」で「らくらく」前進。イヤな出来事もラッキーにとらえられる。

砂漠の船とも言われる「らくだ」。太陽が照りつけるような厳しい環境の中でもタフに動くことができます。ほかの人にはできないことも、ラクにできてしまうパワフルさの象徴です。

明るく、前向きな人

「ら」のことだまをもつ人は、雰囲気でたとえるならラテン系。陽の側面は、明るく、パワフルで自由なところです。

どんな困難にも負けないタフさをもっていて、悲しいことも、明るく笑って乗り越えられる芯の強さがあります。

ノリで考えたアイデアでも、力業《ちからわざ》でカタチにしてしまえるぐらい行動力・実行力がある人です。

陰の側面は、素直なので、人の意見を鵜呑《うの》みにしてしまうところ。また、切り替えが早く、反省しても、すぐに忘れてしまうことがあります。

「ら」を
補ってくれることだま

にくこ

「ら」と
相性の良いことだま

さあは

ことだま開運法

「表面的なことに惑わされないこと」

「ら」のことだまをもつ人は、もちまえの明るさで、人を笑顔にするチカラをもっている人です。明るく元気で天真爛漫。深く考えるのは苦手で、とりあえず何とかなると思っています。

「ら」のことだまをもつ人の開運のコツは、「表面的なことに惑わされないこと」です。

根が素直な性格のため、人の言葉をそのまま受けとめてしまいがちです。でも、相手の本心は別のところにあるかもしれません。

人の心の機微《きび》や物事の本質を知ることで、世界が広がります。

り

音のエレメント　火

ことだまシンボル　あめのうずめのみこと

日本最古の踊り子ともいわれる女神「天《アメノ》鈿女命《ウズメノミコト》」がシンボル。芸術的センスがあり、自由に自己表現することの象徴です。

KEYWORDS

美意識が高い。自分のセンスを大切にする。負けず嫌い。「リズム」にのって自分らしさをアピール。リスクを恐れず直感重視。

美意識の高いアーティスト

「り」のことだまをもつ人の陽の側面は、美しいものが大好きなアーティスト気質なところ。自分らしいセンスや感覚を大切にするタイプです。

負けず嫌いの努力家で、思い通りの結果を目指して、脇目もふらずに進んでいけます。周囲と調和するより個性を大事にします。

陰の側面は、「人は人、自分は自分」と考えるため、人の意見に合わせたり、グループで行動したりすることは苦手なことです。

そのため突っ走りすぎて周りを振り回したり、人の意見を聞くことができなくなるところがあります。

「り」を
補ってくれることだま

うてそ

「り」と
相性の良いことだま

せけえ

ことだま開運法

「人とのご縁を大切にすること」

「り」のことだまをもつ人は、損得よりも、自分が好きかどうかの感覚を大切にします。感情に素直で、思ったことが顔に出やすい人です。

好き嫌いがハッキリしているため、自分に合う・合わないを、すぐに決めてしまうところがあります。

そんな、「り」のことだまをもつ人の開運のコツは、「人とのご縁を大切にすること」です。人とのご縁が、自分のやりたいことを運んできてくれます。

第一印象で決めつけず、長い目で人とおつき合いすることで運が開けます。

る

音のエレメント　地

ことだまシンボル　のり巻き

KEYWORDS

社交的。サービス精神旺盛。「るんるん」と気分で動く。みんなを巻き込んで拡大発展させ、「るつぼ」のような場を生み出す。

いろいろな具材を巻き込んでつくる「のり巻き」。周りの人を巻き込みながら、自分の成し遂げたいことを実行していくチカラを象徴しています。

巻き込み力のある人

「る」のことだまをもつ人の陽の側面は、社交的で、広い人脈をもつところ。好奇心が強く、知識や情報の収集が得意です。

また、サービス精神が旺盛で、たくさんの人とかかわり、巻き込んでいきます。人と人をつないだり、発展させていくことが上手なタイプです。

陰の側面は、気分が変わりやすいところ。そのため、言いっぱなし、やりっぱなしでルーズになることがあります。

計画すること自体が好きなので、話が盛り上がっただけで、実現しなくても満足してしまいます。

「る」を
補ってくれることだま

よ　お　き

「る」と
相性の良いことだま

つ　い　ろ

ことだま開運法

「考えたことを書き出してみること」

「る」のことだまをもつ人は、みんなで何かに取り組むことが好きな人です。思いついたら、どんどん企画していく行動力があります。

ただし、大きく広げすぎてしまい、最後まで実現しないことも。結果はさほど気にしていません。

だからこそ、「る」のことだまをもつ人の開運のコツは、「考えたことを書き出してみること」です。

頭の中にある考えをアウトプットすることで、新しい発見をしたり、問題点があきらかになったりして、実現に近づくことができます。

れ

音のエレメント　風

ことだまシンボル　くじゃく

「れ」は華やかさや優雅さを示すことだまで、羽を広げた「くじゃく」がシンボル。自己分析やセルフプロデュースをする能力に長けています。

KEYWORDS

華がある。頭の回転が速い。おしゃれ。「華麗」で「冷静」な洗練された人。セルフプロデュースが得意。

冷静なクールビューティー

「れ」のことだまをもつ人の陽の側面は、独特の雰囲気とセンスの良さがあり、個性を活かすチカラをもっているところ。

課題のポイント素早く見つけ、周囲の状況を客観的に分析し、必要なことを見極められる人です。立ち位置を考えて動くことができ、判断力があります。

また、ごちゃごちゃしているものよりも、すっきりとしたもの、洗練されたものを好みます。

陰の側面は、すぐに結果を出したがり、コツコツと繰り返して継続していくことや、地道な作業は苦手なことです。

「れ」を
補ってくれることだま

おわそ

「れ」と
相性の良いことだま

にかり

ことだま開運法

「地味な作業をきちんとすること」

「れ」のことだまをもつ人は、時代や場の流れを読むのが上手で、周りの人より一歩先を進んでいきます。

自分らしく輝きたい気持ちが強く、自分磨きのための努力を怠《おこた》りません。また、束縛されるのが苦手で、自由な環境を好みます。

そんな「れ」のことだまをもつ人の開運のコツは、「地味な作業をきちんとすること」です。

華やかで目立つことだけをするのではなく、こつこつと地味な作業に取り組むことで、より流れに乗ることができます。

ろ

音のエレメント　風

ことだまシンボル　どんぶりめし

KEYWORDS

大きな「ロマン」をもった夢追い人。話題が豊富。可能性を広げる。情熱家。「まぁ、いいか」が得意。人に甘く、自分にも甘い。

天丼、親子丼、鉄火丼など、どんな食材も受け入れる「どんぶりめし」で、器の大きさや、心の広さをあらわしています。状況に合わせてアレンジができ、可能性を広げることができます。

可能性を広げていく人

「ろ」のことだまをもつ人の陽の側面は、興味の対象が広く、話題が豊富なところ。また、説得力のある話ができるところです。

人を惹きつけるパワフルな魅力をもち、さまざまな可能性を膨らませていくチカラをもっています。

去る者は追わず、来る者は拒まず。幅広く受け入れられる人です。選《え》り好みをしないので、意外なところから可能性が広がっていくことがあります。

陰の側面は、思い込みで行動しがちなところです。おおざっぱで、どんぶり勘定な面があります。

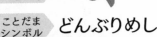

「ろ」を
補ってくれることだま

しまな

「ろ」と
相性の良いことだま

ひるそ

ことだま開運法

「繊細さも大切にすること」

「ろ」のことだまをもつ人は、エネルギッシュで、興味の対象が広いタイプ。そのため、細かいことをあまり気にしません。

また、ワイワイとたくさんの人と楽しく過ごすことを好みます。ただし、受け入れ幅が広いぶん、おおざっぱに見られることがあります。

そこで、「ろ」のことだまをもつ人の開運のコツは、「繊細さも大切にすること」です。エネルギッシュな魅力に加えて、細かい部分にも配慮が行き届くようになれたら、周りからの信頼感が高まり、さらにパワーアップすることができます。

わ

KEYWORDS

バランス感覚が良い。社交的。明るい。「わいわい」と、和やかな場をつくる名人。平和主義で全体調和を心がける。

音のエレメント　水

ことだまシンボル　勾玉

三種の神器のひとつ、「八尺瓊勾玉《やさかにのまがたま》」をイメージ。陰と陽など、反対の性質のものをひとつの「輪《わ》・環《わ》」にする「和《わ》」の才能を示しています。

場を和やかにする人

「わ」のことだまをもつ人の陽の側面は、調整能力に優れているところ。いろいろなタイプの人がいる中でも、まとめ役として円満な関係をつくり出します。また、ムードメーカーとして、場の空気を明るくします。

マイペースですが、おっとりと温和であるため、人に合わせることが得意です。平和主義で、周りの空気を読み、争いを未然に防ぐ能力に長けています。まとめ役も得意です。

陰の側面は、人と争うことが苦手で、周りの人に合わせすぎてしまうところです。思っていても、自分の意見を通せないことがあります。

「わ」を
補ってくれることだま

あ　た　し

「わ」と
相性の良いことだま

ふ　ほ　ね

ことだま開運法

「人と違う意見でも、主張してみること」

「わ」のことだまをもつ人は、協調性が高く、自分の意見を通すよりも、みんなの意見を優先します。「周りの人はどう思うんだろう?」「誰かがイヤな思いをしないように……」と気にかけ、理屈よりも、感情を大切にする人です。

そんな、「わ」のことだまをもつ人の開運のコツは、「人と違う意見でも、主張してみること」です。

人と違った意見があるときに、勇気をもって自分の意見を述べてみることが大事です。そうすることで、周りに新しい視点を提供することができます。

を

音のエレメント　地

ことだまシンボル　結び目

KEYWORDS

根気強い。理想が高い。深く考えることが好き。過去と未来をつなぐ。ご縁をつなぐ。温《おん》故《こ》知《ち》新《しん》。

「を」は過去と現代をつなぐ意味をもつことだま。シンボルは「結び目」を着物の組みひもで表現。長く続ける、引き継いでいく才能にあふれています。

物事をより良い方向へ導く人

「を」のことだまをもつ人の陽の側面は、こだわりが強く、やるとなったら、とことんまで掘り下げるところ。周りの人や物事の良いところを引き出し、より良い方向性へつなげていくチカラをもっています。

また、過去の良いものを現代風にアレンジし、新たな魅力をつくり出すことも得意です。ひとつのことを長く続ける根気強さをもっている人です。

陰の側面は、こだわりが強いので自分の意見に固《こ》執《しつ》しすぎることがある点です。

とくに、集中すると周りが見えなくなりがちです。

「を」を
補ってくれることだま

い　あ　や

「を」と
相性の良いことだま

も　な　つ

ことだま開運法

「まったく違う分野の人と交流してみること」

「を」のことだまをもつ人は、じっくりと物事に取り組む人です。スピードよりも着実さを優先し、自分にぴったりとハマるものがあると、同じ分野の中で、何度でも繰り返し取り組み、着実に仕上げていくタイプです。

だからこそ、「を」のことだまをもつ人の開運のコツは、「まったく違う分野の人と交流してみること」です。

自分の世界を大切にする人ですが、ふだんは意識しないような分野に目を向けてみることで、新しい視点を取り入れることができます。

ん

音のエレメント　風

ことだまシンボル　お侍さん

KEYWORDS

頑張り屋。人とのかかわりを大切にする。責任感が強い。技術や才能を活かして人を助ける。「お助けマン」。

「ん」は50音最後の音。物事に区切りをつけ、次へ進めるよう、周りをサポートするチカラに長けています。シンボルは公《おおやけ》のために働く「お侍さん」です。

人を助けるのが好きな人

「ん」のことだまをもつ人の陽の側面は、人の役に立つこと、人をサポートすることが大好きなところ。「あなたに相談してよかった」と言われるために、自分を磨いていきます。

人とのつながりを何よりも大切にしていて、人の輪の中にいることを好みます。誰とでも、ざっくばらんに話すことができるので、いつも人に囲まれているタイプです。

陰の側面は、周りを大切にしようとする気持ちが強く、そのため、人の意見を気にしすぎてしまうことです。「人の役に立たなければ、自分の存在価値がない」とさえ思ってしまうところがあります。

「ん」を
補ってくれることだま

ちりさ

「ん」と
相性の良いことだま

はけこ

ことだま開運法

「自分の得意分野を伸ばしていくこと」

「ん」のことだまをもつ人は、責任感が強く、「自分がやらねば誰がやる」という意識をもっている人です。

自分にできることは何かを常に考えており、実際に行動に移すことができます。一方、実力不足で自信がないときは、モチベーションが低下してしまいます。

そんな、「ん」のことだまをもつ人の開運のコツは、「自分の得意分野を伸ばしていくこと」です。人の役に立つことが好きなので、人を助けられるスキルをもつことで、よりイキイキとした毎日を送ることができます。

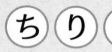

ことだまコラム 2

仕事名やハンドルネームにも「ことだま」が宿る

日本には、古くから「芸名」という考え方があります。

伝統芸能などの襲名《しゅうめい》で名を継ぐ慣習や、神職《しんしょく》や僧侶《そうりょ》になる、あるいは還俗《げんぞく》するために名前を変えるという例もあります。

本名と「仕事名」とを分けることで、意識も役割も切り替わります。「仕事の役割の自分」「プロである自分」に徹することでうまくいくことが多いのでしょう。

実際に、仕事名を名づけたことで、仕事がうまくまわり出した方もいます。

私自身、仕事名である「水蓮」という名前をつけて人生が大きく変わりました。

「仕事名」をつける環境にない人でも、身近なのがSNSなどで使われる「ハンドルネーム」でしょう。

66ページからの「ことだま50音辞典」を参考に、なりたい自分をイメージしてハンドルネームをつけてみるのもいいですね。

ただ、ハンドルネームは、本名や仕事名と比べて、実際に声に出して呼ばれることは少ないものです。『ことだま「名前」占い』では「音として、呼ばれれば呼ばれるほど、そのチカラが発揮される」と考えていることを覚えておいてください。

また、仕事名でもハンドルネームでも、その「ことだま」の働きは、**本名のもつ「ことだま」の働きにプラス**されます。「三つ子の魂百まで」という、ことわざのように、子どもの頃に名前を呼ばれていれば、大人になってほかの呼び方になっても、本名の働きが影響し続けるからです。

「仕事の際に、必ず仕事名をつけたほうがいいのか？」「SNSは本名でやらないほうがいいのか？」といえば、必ずしもそうではありません。

みなさんもご存じのように、自分の名前を、そのまま会社やお店の名前につける人はたくさんいます。

「ホンダ」は、創業者・本田《ほんだ》宗一郎《そういちろう》から。
「松下電器産業（現・パナソニック）」は、創業者・松下《まつした》幸之助《こうのすけ》から。
「マツモトキヨシ」も、創業者・松本清《まつもときよし》の名前からとられています。

ありのままの自分を、陰陽の両面から認められる人は、自分の「名前」を会社名にする傾向があります。また、自分の「名前」の意味に気がつき、**才能にスイッチが入ったことで、やりたいことがそのまま仕事になり、金運をアップ**させている方々もたくさんいらっしゃいます。

自分の「本名」に自信がつくと、「その氏名の使命」を実践《じっせん》することができ、自然と応援してくれる人たちが増えてきて、お金の流れもスムーズに循環していくのです。

3章

「あの名前の人」と
うまくつき合うには？

——「ことだま」のもつエネルギーで相性診断

あなたの名前は「マトリックス」のどこにありますか

前章では、50音の1音1音に意味があり、その「ことだま」を名前にもつ人にどんな運命・使命があるのか、開運のヒントなどをお話ししました。

この章では、名前の「音」からわかる、その人との相性を診断していきましょう。「ことだま『名前』占い」の相性診断の特徴は、生年月日や血液型を知らなくても、名前さえ知っていれば診断でき、関係を深めるヒント、うまくつき合うコツがわかるところです。

相性診断で用いるのは、私がたくさんの人の名前と性格のかかわりを分析するなかで完成させた、次のページの表1「ことだまマトリックス®」です。

表1　ことだまマトリックス®

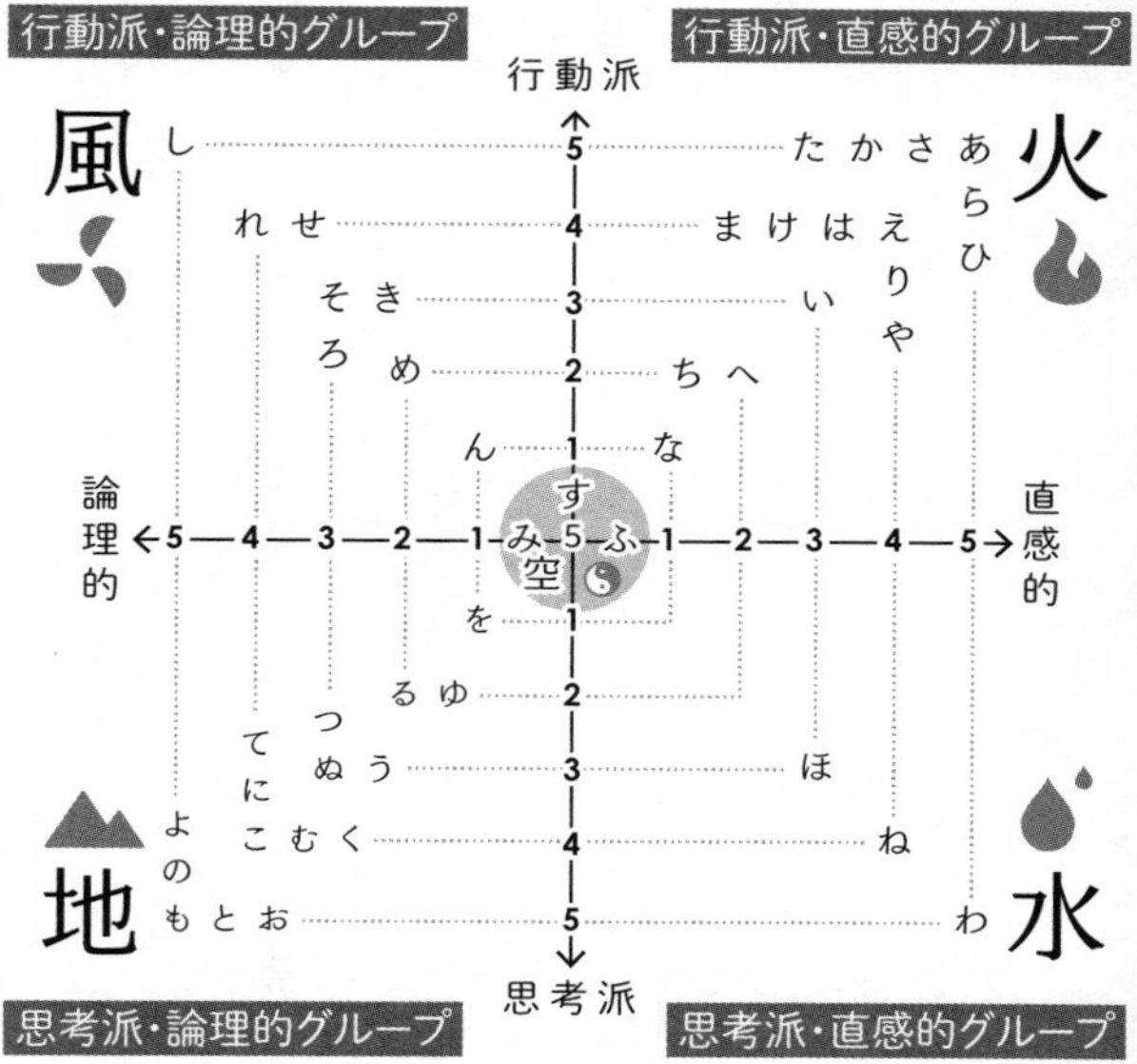

- 中心のことだま…「ふ」「す」「み」はどんな環境にもなじみ、すべてのグループの特徴を上手に発揮できます。※「ふ」「す」「み」は「空」、数値はすべて**5**です。
- 中心に近いことだま**1 ～ 2**…所属しているグループの影響が小さく、隣接するグループの特徴ももっています。
- **3**…所属しているグループの影響が中程度の音です。
- 外側にあることだま**4 ～ 5**…所属しているグループの影響が大きく、他のグループの影響を受けにくい音です。

✦「ことだまマトリックス®」とは？

「ことだまマトリックス®」とは、ことだま50音の「あ」～「ん」の性質を、自然界の5大要素である「火・水・風・地・空」の元素（エレメント）と対応させた表です（「マトリックス」とは、文字や数字をタテ軸とヨコ軸で分類し、並べた表のこと）。「ことだまマトリックス®」は、【あ】～【ん】のことだま50音が配置された、世界唯一の水蓮流「音の波動分析表」になります。

「ことだま『名前』占い」の相性診断は、「ことだまマトリックス®」を使って、名前に含まれる「火・水・風・地・空」の影響を数値で導き出し、エレメント同士の相性をみていくものです。各エレメントの特徴は、181ページで見ていただけます。

グループごとの特徴は、次の通りです。

行動派・直感的グループ（「ことだまマトリックス®」の右上部）

直感的に物事を判断し、行動していくグループです。好奇心が旺盛でひらめきを大切にします。動き回っている環境が合っています。

思考派・直感的グループ（「ことだまマトリックス®」の右下部）

直感的に物事を判断し、探求していくグループです。周囲とのバランスがとれていることを大切にします。地に足の着いた環境が合っています。

行動派・論理的グループ（「ことだまマトリックス®」の左上部）

論理的に物事を判断し、行動していくグループです。現実主義で、実生活に役立つことを大切にしています。動き回っている環境が合っています。

思考派・論理的グループ（「ことだまマトリックス®」の左下部）

論理的に物事を判断し、探求していくグループです。堅実に物事を達成していくことを大切にしています。地に足の着いた環境が合っています。

◆「ことだまマトリックス®」の見方

タテ軸とヨコ軸に刻まれている1～5の数値は、エレメントの特徴（「行動派」「思考派」「直感的」「論理的」「中庸《ちゅうよう》」）の度合いをあらわしています。

表の外周側に位置する5は、「火」「水」「風」「地」の各エレメントの影響が、それぞれもっとも大きいことをあらわしています。

中心に近づくほど「中庸」である「空」の性質に近づき、その他のエレメントの特徴の影響も受けやすくなります。

「ことだまマトリックス®」のタテ軸

・興味の対象が、自分の外側に向かう外交的な「行動派」か、自分の内面に向かう内向的な「思考派」か、その度合いを知ることができます。

「ことだまマトリックス®」のヨコ軸

・物事の判断基準が「直感的」か「論理的」か、その度合いを知ることができます。

タテ軸とヨコ軸により、「火」「水」「風」「地」の位置が決まっています。「空」は、マトリックスの中心に位置しています。「行動派」「思考派」「直感的」「論理的」すべての特徴をもち、全体のバランスをとる、「中庸」の役割をもっています。

「ことだまマトリックス®」を見れば、自分や相手の「名前」のもつ「ことだま」の傾向を瞬時に判断することができます。

✦「ことだまマトリックス®」の使い方

それでは、さっそく「さおり」さんの名前を例にして、解説していきます。

名前に含まれる3音「さ」「お」「り」が、「ことだまマトリックス®」内のどこにあるかを探します。

「火」「水」「風」「地」「空」のどのエレメントに当てはまるのか、それぞれの音が、1〜5のどの数値に当てはまるのかをメモします。163ページの表1をコピーして、「ことだまマトリックス®」内のひらがなに○をつけるとわかりやすいでしょう。

さ…音のエレメントは「火」、数値は「5」
お…音のエレメントは「地」、数値は「5」
り…音のエレメントは「火」、数値は「4」

「さおり」を「ことだまマトリックス®」で見てみると…

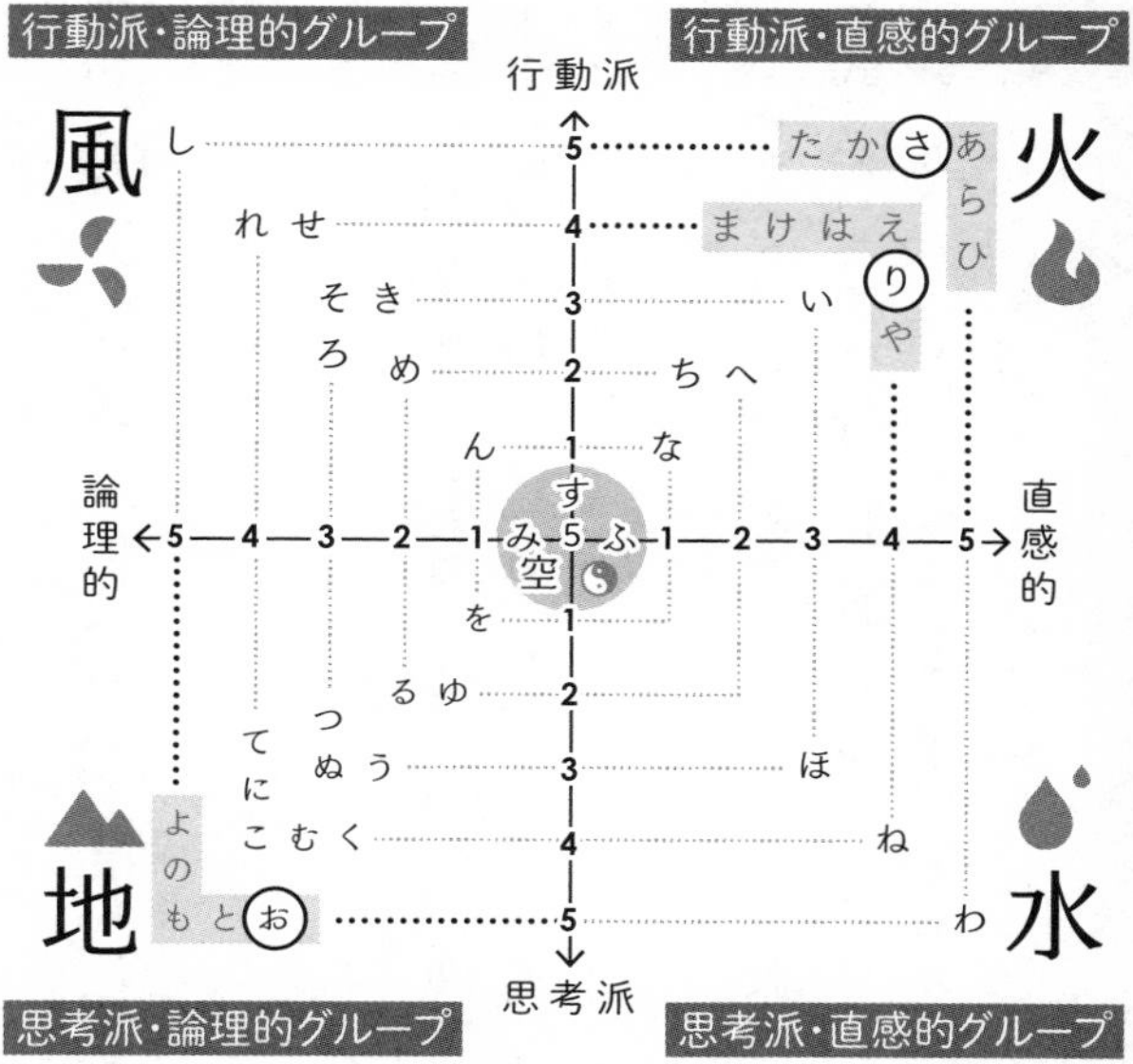

となります。2文字の名前、4文字以上の名前の場合も同様に、1音1音の「音のエレメント」と数値を出すことができます。

この結果は、次の項目で相性を占う際に必要になりますので、気になる人の名前も自分の名前と同様に「音のエレメント」と数値を出し、メモしておくといいでしょう。

「名前のエレメント」で相性がわかる

名前の音から相性診断をするには、1音1音に当てはまる「音のエレメント」を調べ、1～5の数値を出して、計算する必要があります。それが、その人の**「名前のエレメント」**になるのです。

「名前のエレメント」を計算するときは、次ページの表2「名前のエレメント」基本の計算式を使います（何度も使う場合はコピーして使ってください）。

172ページからの方法で自分と気になる相手の「名前のエレメント」を出し、185ページから紹介していく15パターンの診断結果をチェックしていきましょう。

表2　「名前のエレメント」基本の計算式

名前を先頭の文字から順に書き入れる

名前	基準倍率	調整欄		音のエレメント・数値		音のエレメント・合計
□	(5	± ＿＿)	×	○＿＿	=	○＿＿
□	(4	± ＿＿)	×	○＿＿	=	○＿＿
□	(3	± ＿＿)	×	○＿＿	=	○＿＿
□	(2	± ＿＿)	×	○＿＿	=	○＿＿
□	(1	± ＿＿)	×	○＿＿	=	○＿＿
□	(1	± ＿＿)	×	○＿＿	=	○＿＿
□	(1	± ＿＿)	×	○＿＿	=	○＿＿

結果　火=□　水=□　風=□　地=□　空=□

※5文字目以降の基準倍率は、すべて「1」になります。

✦「名前のエレメント」の出し方

①「名前のエレメント」基本の計算式の「名前」の欄に、あなた（あるいは相手）の「名前」の「音」を上から順にひらがなで記入します（「さおり」なら「さ」から）。いろいろな方の名前を調べる場合は、171ページの計算式の表をコピーして使うと便利です。

②「ことだまマトリックス®」を使って出した、それぞれの「音のエレメント」と「数値」を「音のエレメント・

「名前のエレメント」の出し方②まで進めたところ

名前	基準倍率	調整欄		音のエレメント・数値		音のエレメント・合計
さ	（5	±＿＿）	×	火 5	=	○＿＿
お	（4	±＿＿）	×	地 5	=	○＿＿
り	（3	±＿＿）	×	火 4	=	○＿＿

数値」の欄に記入します。

(例：「さおり」の場合は、以下の通り)

さ…音のエレメントは「火」、数値は「5」

お…音のエレメントは「地」、数値は「5」

り…音のエレメントは「火」、数値は「4」

③ 計算式の「調整欄」に「±0」と記入します。

※「が」「ご」などの濁音、「ぺ」などの半濁音、「っ」(促音)、「ゅ」「ょ」などの拗音がつく名前の場合は、「調整欄」に「+1」もしくは「-1」を記入して「基準倍率」の調整が必要です。177ページの「基準倍率の調整方法」を見てください。

④「基準倍率」と②で記入した数値をかけ算した数字を「音のエレメント・合計」の欄に記入します。

⑤「結果」欄に、④で出した数字を「音のエレメント」ごとに記入します。同じエレメントがふたつ以上ある場合は、それぞれ足し算してください。

（例：「さおり」の「さ」と「り」はどちらも「火」のエレメントなので、「火」＝25＋12＝37　となる）

⑥「結果」を比較し、一番大きな数字のエレメントが「名前のエレメント」！

「名前のエレメント」の出し方④まで進めたところ

名前	基準倍率	調整欄		音のエレメント・数値		音のエレメント・合計
さ	（5	±0）	×	火 5	=	火 25
お	（4	±0）	×	地 5	=	地 20
り	（3	±0）	×	火 4	=	火 12

「名前のエレメント」の出し方⑥まで進めたところ

名前	基準倍率	調整欄		音のエレメント・数値		音のエレメント・合計
さ	(5	±0)	×	火 5	=	火 25
お	(4	±0)	×	地 5	=	地 20
り	(3	±0)	×	火 4	=	火 12

火＝37　水＝　風＝　地＝20　空＝

「さおり」の「名前のエレメント」は

「火」！

結果欄の5つのエレメント（火・水・風・地・空）の数字が、同数になった場合、「名前」欄のより上段の音（名前の1文字目や2文字目）が含まれるエレメントが、その人の「名前のエレメント」になります。

（例：「りの」の場合、「火」＝20、「地」＝20で同じ数字となる。この場合、「り」のエレメントである「火」がその人の「名前のエレメント」となる）

「りの」の場合

名前	基準倍率	調整欄		音のエレメント・数値		音のエレメント・合計
り	（5	±0）	×	火 4	=	火 20
の	（4	±0）	×	地 5	=	地 20

火＝20　水＝　風＝　地＝20　空＝

合計の数字が同じ場合は、
名前の先頭に近い文字（「り」）のエレメント（「火」）を使う

◆基準倍率の調整方法

名前に濁音や半濁音、促音、拗音がある場合、「名前のエレメント・基本の計算式」の「調整欄」で、基準倍率に「1」を足したり引いたりする必要があります。次の方法を参照して計算してください。

【濁音】

「しんじ」の「じ」、「かずこ」の「ず」など濁音がある場合は、「調整欄」に「+1」と記入し、「基準倍率＋1」の数字をかけ算して合計を出します。

【半濁音】

「しゅんぺい」の「ぺ」、「すぴか」の「ぴ」など半濁音がある場合は、「調整欄」に「-1」と記入し、「基準倍率－1」の数字をかけ算して合計を出します。

【促音】

「りっか」「いっさ」などの「っ」（促音）がある場合は、「調整欄」に「-1」と記入し、「基準倍率－1」の数字をかけ算して合計を出します。

【拗音】

「りゅう」の「ゅ」、「しょう」の「ょ」などの拗音がある場合は、「調整欄」に「-1」と記入し、「基準倍率－1」の数字をかけ算して合計を出します。

ここで「しゅうじ」の記入例を見てみましょう。「ゅ」が【拗音】なので「-1」、「じ」が【濁音】なので「+1」となり、次ページの記入例のような計算になります。

自分と相手の「名前」のエレメントがわかったら、185ページからの診断結果で、自分と相手のエレメントの組み合わせを見つけ、相性を見てみましょう。

「しゅうじ」の場合

名前	基準倍率	調整欄		音のエレメント・数値		音のエレメント・合計
し	(5	±0)	×	風 5	=	風 25
ゆ	(4	⊖1)	×	地 2	=	地 6
う	(3	±0)	×	地 3	=	地 9
じ	(2	⊕1)	×	風 5	=	風 15

火＝□　水＝□　風＝40　地＝15　空＝□

「名前のエレメント」は

「風」！

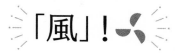

✦5つのエレメントの特徴

名前に含まれているエレメントは、その人の考え方や行動に大きな影響を与えます。

ただ、名前にないエレメントの特徴を発揮することも可能です。名字（家系）の使命として、もっているか確認してみましょう。名字のエレメントを知りたいときは、名前のエレメントと同じ方法で計算することができます。

また、名前にも、名字にもないエレメントは、家族、友人、職場の人たちなど、そのエレメントの才能を発揮している人たちと、一緒に過ごして影響を受けたり、尊敬する人の考え方や行動をマネすることでも身についていきます。

5つのエレメント

火

キーワード　情熱的　直感的　行動的

特徴　個性を大切にする　好き嫌いに左右される
タイミングを逃すと興味がなくなる

過剰になると　衝動的に行動しやすくなる

水

キーワード　感覚的　流動的　情緒的

特徴　調和を大切にする　最先端よりなじみのもの
人からすすめられると気になる

過剰になると　流されやすくなる

風

キーワード　知性的　理論的　社交的

特徴　知識を大切にする　決断は早い
使えるか使えないかを重視する

過剰になると　神経質になる

地

キーワード　現実的　堅実　目的意識

特徴　実用性を大切にする　リサーチ能力が高い
じっくり取り組む

過剰になると　変化がわずらわしくなる

空

キーワード　順応　寛容　整える

特徴　受け入れ幅が広い　空気を読んで決定する
物理的なものより目に見えない思いが大切

過剰になると　自分の体験を他人事のように感じる

✦5つのエレメントの相性

また、それぞれのエレメント同士で、「理解し合える」「互いの特徴を打ち消し合う」といった、相性が存在します。183ページの表3「5つのエレメントの相性」を参考に、スムーズな人間関係を築くための「サポート」としてお役立てください。

〈表3の見方〉

・隣り合うエレメント同士は、ストレスなく理解し合える相性です。

・対角線上に存在するエレメントは、時に、互いの特徴を打ち消してしまう場合があります。

・「空」は、どの4つのどのエレメントとも、うまくつき合うことができる存在です。

表3　5つのエレメントの相性

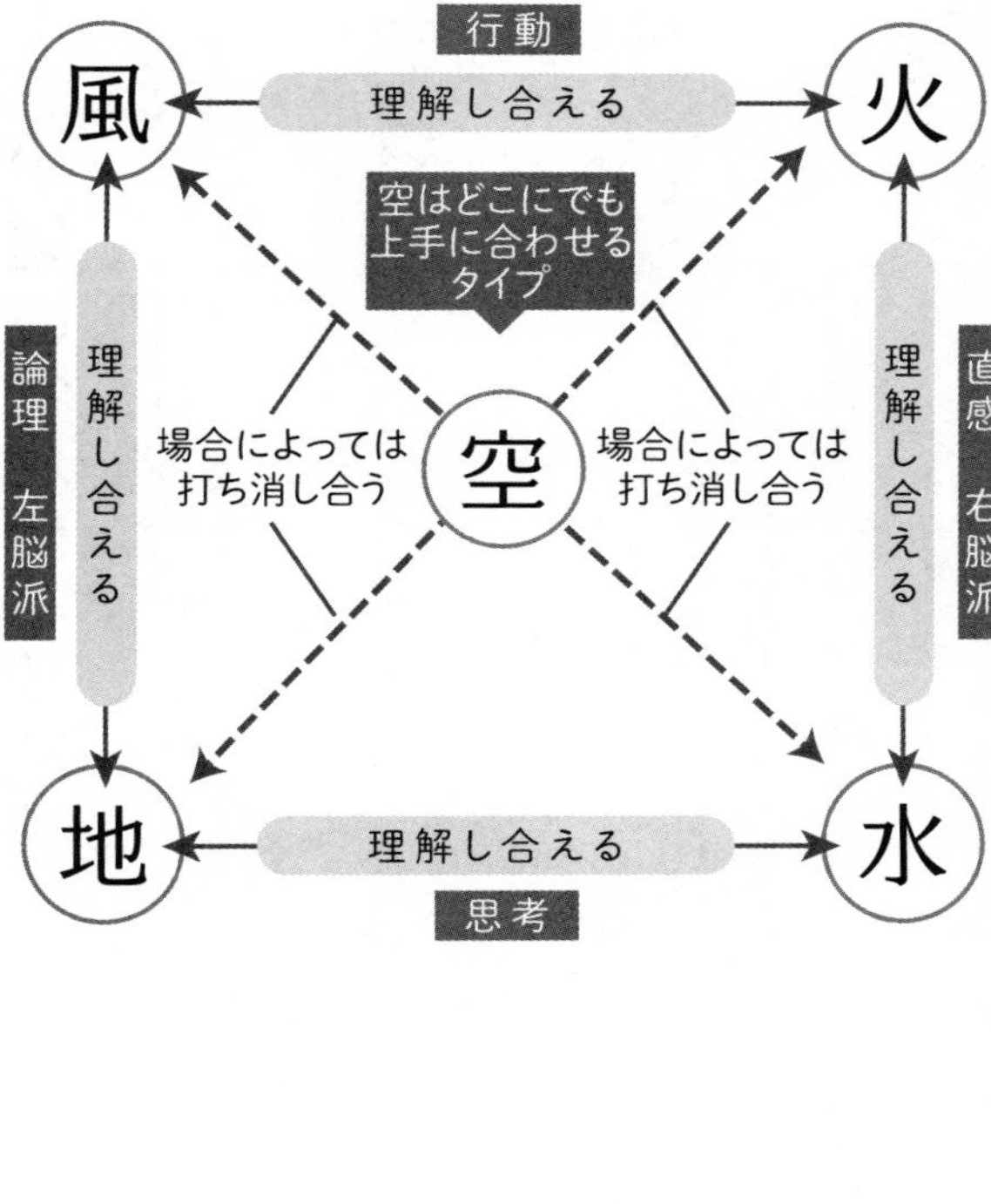

15パターンの組み合わせで診断！
あなたとあの人のこれから

自分の「名前のエレメント」と、気になる人の「名前のエレメント」は何だったでしょうか？

ここからは、その組み合わせで二人の相性を見ていきます。

たとえば、自分の「名前のエレメント」が「火」、相手の「名前のエレメント」が「水」なら、186ページの「火×水」の項目を読んでください。

「ことだま『名前』占い」の相性診断は、恋愛相手や結婚相手に限らず、家族、友人、職場の人など、あらゆる人間関係を占うことができます。身の周りの人との関係をスムーズにしたり、深めたりするのにお役立てください。

火×火

［二人の相性度］♥♥♥

「共通点からスピーディーに親しくなる」

ドラマチックで刺激的なことが大好き。新しいことにチャレンジするのが得意な二人です。趣味や食べ物の好き嫌いが一致すると、スピーディーに関係が深まります。互いに熱中すると周りが見えなくなるタイプなので、何かに集中しているときは、放っておくに限ります。

そして、緻密な計画は苦手な二人。思いつきで行動するのが得意なので、予定はだいたいにして、その日の気分で臨機応変に楽しむほうが盛り上がります。

ケンカをすると感情的になり、互いに自分の意見を譲りません。打開策は、「相手の言い分を、しっかりと聞く姿勢を見せること」。感情を大切にする「火」は、自分の気持ちを表現するとスッキリします。すると次第に態度がやわらぎ、仲直りすることができます。

リーダーシップは？ 自分の思い通りのペースで進めたいと思い、互いに譲りません。

オススメ開運スポット テーマパークでワイワイ。グルメスポットで食べ歩き。

火×水

［二人の相性度］♥♥♡

「言葉より態度で通じ合う」

新しい情報に敏感で、人に伝えるのが好きな「火」と、受け取り上手で、愛されるのが好きな「水」。お互いのニーズがピッタリ合うため、自分らしくイキイキできる関係です。また、言葉にするより行動で示したい「火」と、とにかく気持ちをわかってもらいたい「水」では、目を見る、笑顔で接するなどの態度で心が通じます。ハグやマッサージなどのスキンシップも効果的です。

思うがままに動き回りたい「火」に、「水」はリーダーシップをとってもらい、あとから着いていくのが理想的。共有したい、一緒にいたい気持ちが強い「水」は、「火」の性格を理解し、束縛せずに自由にさせてあげるとスムーズな関係に。「水」はなじむほどに相手を大切にできるので、気ままな「火」のことも、理解できるでしょう。

リーダーシップは？ 思うがままに、マイペースで関係を深めたい「火」が「水」をリードする。

オススメ開運スポット 一緒に料理をして味覚を共有。動物園で動物と触れ合うのも○。

火×風

［二人の相性度］
♥♥♡

「知的好奇心を刺激し合う」

動きながら考えるタイプの「火」と、決断力がある「風」。お互いに、考えるスピードが速く、何事も素早く決断していけるため、とてもラクな関係が築けます。また、オリジナルな発想の「火」と、物知りな「風」の組み合わせは、お互いに知的好奇心を刺激し合い、新たなものを生み出すことが得意。お互いを高め合っていける関係です。

感情が暴走してしまいがちな「火」と、理屈っぽい「風」は、ケンカになるとお互いの自己主張が止まらなくなり、話が嚙み合わなくなるので注意。解決策は、「火」が「風」に、冷静な状態で筋道を立てて説明できるようになることです。「風」が「火」をあおることで、「火」のポジティブな面も、ネガティブな面も、より燃え上がることを覚えておきましょう。

リーダーシップは？ 論理的な「風」が、二人の関係のバランスをとって進めると、うまくいきます。

オススメ開運スポット スポーツやドライブなど、スピード感があるものがオススメ。

火×地

［二人の相性度］♥♡♡

「もっていない部分を補い合う関係」

じっくり考えるよりも、インスピレーションのままに動き回りたい性格の「火」と、周りの意見に左右されることがあまりなく、慎重に考えてから動きたい傾向が強い「地」。違う性質をもつ二人だからこそ、自分に足りないところを補うように、相手の良いところを認め合えれば良好な関係を築けます。

しかし、一番遠い存在とも言えるので、意思の疎通が難しくなりがち。「相手の気持ちがわからない」と悩んでしまうことも。そんなときは、冷静に物事を考えられる「地」が、1歩譲るように心がけるか、暴走しがちな「火」が、落ち着いて、相手の立場に立って考えるクセをつけることが大事です。お互いを思いやれれば、最強のパートナーになれる組み合わせです。

リーダーシップは？ 冷静な「地」が１歩下がって「火」をフォローすれば、ラクにつき合えます。

オススメ開運スポット 温泉やお祭りなど、その土地の名所や行事へ。

火×空

［二人の相性度］♥♥♡

「互いに良き相談相手に」

感情的になりがちな「火」と、相手の状況を見て動く「空」。許容範囲の広い「空」が、「火」の言い分を受け止めてあげることで、バランスが保てる関係です。何事も即決しないとスッキリしない「火」のウィークポイントを、臨機応変に対応できる「空」が、さまざまな方法でフォローしてくれます。

一方、「空」は強い自己主張を好みません。だからこそ、「火」の行動力と個性を活かすチカラに刺激を受け、楽しむことができます。「火」は「空」が他人軸で行動しがちなところを自分軸に戻してあげることができます。また、「火」が自己中心的な考え方になったとき、物事を俯瞰で見ることができる「空」に相談することで、判断力がアップ。弱点を補い合えるので、互いに成長できる相性です。

リーダーシップは？ スピーディーで行動力のある「火」が、状況判断してから動く「空」をリード。

オススメ開運スポット 空を広く眺められる場所が○。キレイな景色が見える展望台や高台。

水×水

［二人の相性度］♥♥♥

「気持ちでつながる、共感力の高い二人」

気持ちのつながりを大切にする、思いやりのある二人です。共感力が高いため、好きな音楽や映画など共通点があると、距離が一気に縮まります。

しかし、新しい関係より、なじんだ間柄を大事にする性質の「水」同士。いつもと同じ場所で会い、いつもと同じ話をするなど、変化のない関係になってしまう面もあります。

「言わなくてもわかってくれる」と思いがちな二人ですが、言葉で語り合い、説明し合うことを大切にすれば、より良い関係が築けることでしょう。言いたいことがあったら、我慢せずに小出しにして、大爆発を防ぐことが大切です。お互いが率直になれば、心から理解し合える息ピッタリな相性です。

リーダーシップは？ お互いの気持ちを優先できるため、譲り合える。

オススメ開運スポット 飲食店の個室や観覧車など、人目を気にせず安心してくつろげる場所。

水×風

［二人の相性度］ ♥♡♡

「真逆の二人。歩み寄りが大切」

相手に合わせることが得意で愛着のあるものに囲まれていたい「水」と、新しい人やモノと出会うことが好きな「風」。感情を優先する「水」と、現実的な「風」。そんな相反する二人の間では、「論理的に話す『風』を『水』は冷たく感じる」など、カチンとするシーンが多いかもしれません。

さらに、好きな人と一緒にいたい「水」と、束縛が苦手な「風」。このふたつのエレメントの関係は、もっとも遠い存在と言えます。ただし、知的で現実的な「風」を「水」が尊敬できれば、カードがガラリと変わるように、ベストな関係に。クールで冷静な「風」も、協調性の高い「水」の素直さには惹きつけられます。お互いに歩み寄ることで、ないものがプラスされ、最高のパートナーシップを築けます。

リーダーシップは？ 協調性の高い「水」が、努力して「風」のペースに合わせていく。

オススメ開運スポット 遊覧船や屋形船など。開放的な場所で風を感じると本音で話しやすい。

水×地

［二人の相性度］ ♥♥♡

「じっくりと信頼を築いていく」

人間関係を大切にする「水」と、まじめで堅実な「地」。時間をかけて信頼を積み重ねていくことで、一緒にいて落ち着ける、安定した関係を築くことができます。

神経が細やかで、気を使いすぎる「水」は、感情の起伏が激しい部分があります。「水」の繊細さを、「地」がどっしりと理解し、励まし、サポートしてあげるといいでしょう。頼りがいのある「地」の責任感に、「水」は安心感を覚えます。

気になることがあると、ついつい感情が揺れてしまい相手の気持ちを確認したくなる「水」。ドラマチックな出来事よりも、リアルで落ち着いた関係を望む「地」には、相手を試すようなことは禁物です。

リーダーシップは？ 「地」が「水」を支え、優しくリードすると、うまくいく。

オススメ開運スポット 堅実派の「地」が下調べをして、アウトレットモールや手作り体験へ。

水×空

［二人の相性度］

「ほど良い距離感で深く長いつき合いに」

最初のうちは遠慮しがちで、距離が縮まらない二人ですが、一度打ちとければ深く長いつき合いになります。繊細な「水」の心遣いが、つい人に気を遣いがちな「空」を安心させます。思いやりのある人同士なので、互いのかゆいところまで手が届き、穏やかに支え合うことができます。社交的な「空」の交友関係に「水」がうまく入っていければ、二人をとりまく人間関係が拡大していきます。「空」にとってそれは望ましいことですが、「水」は広く浅くよりも、深く濃い人間関係を好むため、「空」は「水」に無理強いしないことが大切です。

一度仲良くなると「水」は、誠意をもって尽くしますが、自分以外に興味が向くと寂しく感じがち。「空」は親密すぎるのが苦手なため、お互い心地良い距離感を心がけましょう。

リーダーシップは？	柔軟で許容範囲の広い「空」が、「水」の一途さを受け入れてリードできれば○。
オススメ開運スポット	動画配信サービスの映画を自宅で見たり、図書館でのんびり過ごす時間を。

風×風

［二人の相性度］♥♥♥

「知的好奇心を満たす関係」

いつも風通しが良く、いろいろな人とコミュニケーションをとるのが大好き。家族や恋人だけでなく、会社、友人、趣味などのつき合いも、バランス良くこなしたい「風」同士の二人。無理やり相手に合わそうとせずに、互いのスケジュールを優先させた、自由な関係を築きましょう。それぞれ好きなことをしているほうが、会ったときの話題も多岐にわたり、知的なものになります。

知的好奇心が旺盛な二人なので、新しい情報をキャッチし、洗練されたつき合いを楽しめることでしょう。時間の使い方、お金の使い方が一致すれば、常に遊びや会話も楽しめて、誰よりも気が合う、お互いに楽しい相手となるはずです。

リーダーシップは？ 個人プレイが好きな二人。場合によって主導権は変化します。

オススメ開運スポット 知的好奇心が旺盛な「風」には、美術館や博物館、セミナーなど、学びの場がオススメ。

風×地

［二人の相性度］♥♥♡

「現実的な二人。相手の気持ちを大切に」

じっくり計画を立ててから、慎重に行動したい「地」。さまざまなことに興味をもち、どんどん新しい知識を取り入れていきたい「風」。「できること」と「できないこと」を見分けるのが得意な、現実的な二人。そんな二人は堅実な関係を築くことができます。

しかし、「地」から見ると、活動的で頭の回転が速い「風」についていけない面もあります。そんなときは「風」がペースダウンして、「地」を尊重することが大切。また、「地」は信念をまげない頑固なところがあるため、意見が対立すると関係修復が厳しくなります。こんなとき、「風」は正論を通そうとせず、「地」に歩み寄り、状況を見て機転を利かせましょう。現実的な二人だからこそ、期待しすぎず、相手の気持ちに応える努力をすれば、関係は長続きすることでしょう。

リーダーシップは？ 「風」が「地」のペースに歩み寄り、引っ張っていくと、スムーズな関係に。

オススメ開運スポット 現実的な満足度が高いフリマやインテリアショップ、100円ショップ巡りなど。

風×空

［二人の相性度］♥♥♡

「ストレスを癒やし合える関係」

頭を使って筋道を立てることが得意な「風」は、人との考え方の違いにストレスを抱えがち。そんな「風」の悩みの原因のひとつは、つい人と比較してしまうこと。だからこそ、ありのままを受け入れてくれる「空」は、「風」を穏やかに癒やしてくれる存在です。また、許容範囲の広い「空」は、人に合わせてしまう傾向があります。「風」の理性的な判断力に魅力を感じ、悩みを聞いてもらうことで、「空」はスッキリすることができるなど、互いを補い合える関係です。

ほかのエレメントには伝わりづらい「風」の不器用な感情表現を、何となくくみ取ってあげられる「空」。そんな「二人だからこそ理解できる」という部分を大切にすれば、常に互いを癒やし合える関係を築けることでしょう。

リーダーシップは？ 柔軟性のある「空」を、知的で判断力のある「風」がリード。

オススメ開運スポット 動くことが好きな「風」に合わせて、ドライブやスポーツ観戦。

地×地

［二人の相性度］♥♥♥

「信頼も愛情も時間とともに大きくなる」

スピードよりも着実さが大事な二人。計画的で追求心のある二人だからこそ、長期的に信頼を育める関係です。「地」の二人が信じられるのは自分の目、自分の意思。マイペースで頑固な面があり、人から干渉されるのは苦手です。ぶつかり合うと意見を聞く耳がもてないため、互いに自分から折れる心づもりをもっていたほうがうまくいきます。また、慎重で気を許した人にしか、なかなか本音を言わないため、相手の信用を得ることで、良い関係が築けます。

互いに、納得してから責任をもって行動する性質のため、深く誠実な関係を築くことができます。そこで育まれた信頼と愛情が、時間の経過と比例して増していきます。生活を大事にし、節約しながら人生を楽しめる者同士なので、生活のパートナーにもピッタリです。

リーダーシップは？ 年上、もしくは、解決したい分野において経験が豊富なほうがリードするのがうまくいくコツ。

オススメ開運スポット 神社仏閣、スーパー銭湯など、その土地のよさを体感できる場所。

地×空

［二人の相性度］ ♥♥♡

「互いに憧れ、尊敬し合う」

目標をかかげ、努力を惜しまず成果をあげる「地」の譲らない意志を、「空」は尊敬しています。「地」は「空」の新しい友人をどんどんつくる、柔軟な交友関係に憧れています。

しっかりしているけど頑固者な「地」と、空気を読みながらも、流されやすい「空」は、それぞれに必要な才能を兼ね備えた間柄。互いの憧れと尊敬が合致する、理想的な関係です。許容範囲が広く、柔軟性のある「空」が、マイペースな「地」に合わせてあげることで、二人の関係は、よりうまくいきます。

どちらも、日常生活を大事にする二人なので、ドラマチックな出来事がなくても、毎日を楽しめる相性です。

リーダーシップは？ やりたいことが明確な「地」に、柔軟な「空」が合わせるとスムーズに。

オススメ開運スポット 近所のカフェ巡りや、地元の水族館。

空×空

［二人の相性度］♥♥♥

「『あ・うん』の呼吸でうまくいく」

思ったことを言葉で伝えなくても、「あ・うん」の呼吸でわかり合うことができる、とても安らかな関係。むしろ一緒にいるのが当然というような、まるで家族のような存在。一人より二人のほうが、ずっとラクと思える関係性かもしれません。

ただし、自分のことよりも、まずは周りの人の気持ちを優先する二人。何となく立てていた予定があっても、家族、友人、会社の用事などを優先してしまいがち。はじめに決めた約束を守るなど、二人の間でルールを決めておかないと、一緒にいる時間を確保するのが難しくなってしまいます。

相手は自分にとって安心感のある、かけがえのない存在と意識して、二人の時間を大切にしましょう。

リーダーシップは？	柔軟性のある二人。シーンに合わせて立場は変動。
オススメ開運スポット	ホテルのラウンジでお茶をしたり、公園を散歩したり。どんな環境でも楽しめる二人。

「大切な人の名前」があなたに伝えていること

これまでにご紹介してきた方法で、自分の名前のもつ「ことだま」を読みといていくことで、今までとは違った角度から、自分を見つめることができたのではないでしょうか。

自分の「名前」の1音1音の意味から感じること。それは、あなたらしさそのものです。自分を深く知るヒントになるので、スマホやノートに書き留めておくことをオススメします。

たとえば、「あすか」という名前の場合、1音1音には、

「あ」…チャレンジ精神旺盛

「す」…自発的に行動する
「か」…頭の回転が速い

といった意味があります。このことから、「自分の頭で考え、どんどん行動に移せる人」といったことがわかります。50音の特徴をカンタンに知るには、巻末の「ことだま『名前』占い」早見表（249ページ）を参照してください。

66ページからの「ことだま50音辞典」には、ひとつの音の中に、複数の特徴やキーワードが入っています。その中から、何を感じ、どう意味づけをするかはあなた次第。ぜひ、時間をとって、自分の「名前」と向き合ってみてください。

それが、自分自身の内面と向き合うことにつながります。

あなたには、どんな使命が隠されていましたか？

自分の名前と同じように、パートナー、家族、友人、職場の上司や同僚など、気になる人の「名前」も読みといていきましょう。

とくに家族は、「ち（血・地・知）」のつながりであり、家系の使命を共有している運命共同体です。ただ、家族であっても個人の使命はそれぞれ違いますから、ひとり、ひとりの「名前」を読みといていくと、家族の中での自分の立ち位置や、役割を知ることができます。

自分の「名前」の意味に、ピンとこなかったとしても、家族や友人の「名前」の意味を知り、「当たってる！」と納得できることもあるでしょう。なぜなら、他人のことは客観的に見ることができるからです。

「名前」を知るだけで、初対面の相手の「ほめポイント」や「地雷ポイント」などもわかります。その人との距離のとり方や、関係性の改善にも役立つでしょう。

また、最近新しく出会った人の「名前」や、本を読んでいてピンときた「名前」も調べてみましょう。なぜ、その「名前」にピンときたのでしょうか？

「名前」は、あなたに今、必要なメッセージやヒントを運んできてくれます。

もしかしたら、気になる「名前」は、今のあなたに一歩踏み出す勇気を与えてくれる「名前」かもしれません。

そんな想いで、今あなたの周りに集まる人たちの「名前」や、最近出会った人の「名前」を読みといてみてください。


あなたの周りに集まってきている人たちは、あなたの人生に必要な人たち。あなたを支えてくれるサポーターです。ひとりひとりの「名前」の、1音1音のエネルギーが、それぞれ、あなたを支え、補ってくれているのです。

そう考えると、周囲のみんなに、「ありがとう」という感謝の気持ちが湧いてきませんか？

「出会う人の『名前』が、自分にヒントをくれている」と考えると、人との出会いが贈り物のように思えて、とても楽しくなってくるはずです。

✦相性を改善する方法

170ページからの方法で周りにいる人との相性を診断してみて、「その結果に納得いかない！」というときは、66ページからの「ことだま50音辞典」を参考に、互いの「名前」と相性の良い音を選んでニックネームをつける、という方法があります。二人にとって相性の良いニックネームで呼び合うことで、うまくいく要素を自然と発揮できるようになります。

このとき、自分が呼ばれてうれしくなるニックネームをつけることがポイントです。

ただし、このニックネームをつける方法は効果がありますが、一番大切なのはあなた（もしくは相手）が、相手（もしくはあなた）の「名前」のマイナス面である「陰の側面」を理解し、受け入れることです。

誰でも、自分のイヤな部分は、自分が一番わかっています。

それでも自分を変えられないことに、ひそかに悩んでいるものです。だからこそ、自分のダメな部分をそのまま受け入れてもらえると、自分をわかってくれる特別な存在だと感じます。

互いに相手を理解し、まるごと受け入れ合うことで、その人との相性は確実に良くなるでしょう。

そして、相手の未熟なところを、ありのままに認められるようになったあなたは、人としての器がグーンと広がっています。

なかなかできることではありませんから、相手の未熟さを許せたときには、自分で自分をほめてあげてください。

✦眠った才能を目覚めさせるために

「ことだま50音辞典」を読む……これだけで、「名前」のチカラを発揮する準備が整います。

また、この本を何度も読み込み、自分の「名前」に授かった「使命と役割」を理解し、「名前」を構成する、それぞれの「ことだま」の陽の側面と陰の側面を受け入れることができたら……。あなたの才能はより開花し、目覚ましい活躍をみせてくれるはずです。

さらに、「名前」に宿る「ことだま」を、活性化させるためには、周りの人たちから、たくさん名前を呼んでもらいましょう。また、あなたのもつ才能を、人のために使うことは、神様の名づけの法則（得意なことで協力しあう）と同じ効果をもたらします。

4章

名前の音で「どんな才能に恵まれているか」がわかる

——人生がもっと輝く！「ことだま」ランキング

「ことだま」のエネルギーを高める方法

50音の1音1音には、それぞれ個性豊かな才能が備わっています。ここからは、シーン別に分けて、50音のうち、どの音の名前をもつ人がその才能に秀でているか、とくにエネルギーの強い、ナンバー1、ナンバー2、ナンバー3の音を見ていきます。

ここで紹介する音が、自分の**「名字」または「名前」の中にひとつでも入っている場合は該当《がいとう》**します。

「名字」の場合は「家系の使命」として働きますから、同じ名字の家族みんなに、その音のもつ才能が秘められているということです。

また、1文字目や2文字目にその音が入っている場合は、より影響が大きくなります。周りの人の「名前」に入っていれば、その人の新たな魅力を発見できるかもしれません。

もし、自分の名前の音が希望するランキングに入っていなくても、決してガッカリしないでください。これまでお話ししてきたように、あなたの名前には「ことだま」が宿っており、たくさんの才能が秘められています。自分がすでにもっている才能を発揮することで、周りの人たちから必要なサポートを受けられます。

その才能は、呼ばれる回数が多いほどエネルギーも高まります。

人から名前を呼んでもらう機会が少ないなぁ、と思う場合は、自分で自分の名前を呼んでも、同じように効果があります。

心を込めて、愛情をそそいで相手の「名前」を呼ぶこと。自分の「名前」を呼ぶことは、「な＝（名＝成）」を目覚めさせます。

もっとも成《な》された、輝いている姿を引き出すことにつながっているのです。

1

50音のうちで

恋をしてイキイキするのは？

No.1 さ

No.2 り

No.3 せ

では、最初は、「恋をしてイキイキする」ベスト3の発表です！

「さ」「り」「せ」を「名前」の中にもつ人は、生きるうえで「恋愛」に重きをおいているタイプです。恋をしているほうがイキイキと元気で、より魅力的になります。

「さ」…ドラマチックな恋愛が大好き。フットワークが軽く、さわやかなおつき合いが得意です。ただ、熱しやすく冷めやすいため、興味がなくなると、サッと気持ちを切り替えます。また、「仕事が恋人」な人は、仕事をすることで輝きを増します。

「り」…情熱的に愛を表現でき、ストレートに相手に気持ちを伝えたいタイプ。美意識も高く、自分の感性を活かして相手を魅了していきます。時には、その行動があまりにも独特で、相手を振り回してしまうことも。

「せ」…ハートに火がついたら最後。あと先考えずに、難しい恋であっても突っ走り、突破しようとします。一直線に思いを行動に移せるのが特徴です。だからこそ、最初の時点でちゃんと相手を見極められているかが、恋のゆくえを握るカギです。

2 50音のうちで味方につければ最強なのは？

No.1 ち

No.2 か

No.3 も

「ち」「か」「も」を「名前」の中にもつ人は、愛情深く、大切な相手のために、さまざまなサポートができます。味方となってくれると、とても心強いことだまです。自分自身にこれらの音がある場合は、情が深い性質であることを理解して、相手に構いすぎたり、束縛しすぎたりしないようにしましょう。

「**ち**」…好きになったら一途。尽くすことが大好きで、何よりも相手を最優先します。細かいところまで気づき、かゆいところまで手が届く、献身《けんしん》的なタイプ。相手を心の底から大切にします。自分よりも、相手を優先しすぎないよう注意しましょう。

「**か**」…頭の回転が速く、一見クールなタイプに見えますが、内面はとても愛情豊かです。ただ、気持ちを言語化するのが苦手なため、空回りしてしまうことも。思っていることをすべて伝えようとするのではなく、ポイントを押さえて話すことで、お互いの理解が深まります。

「**も**」…とても面倒見が良く、好きな相手が頼ってくれるなら、何でもフォローしてあげたくなります。相手を受け入れ、包み込むような愛情表現が得意です。粘り強く相手をサポートできますが、たまには自分が人に甘えることも大切です。

3

50音のうちで

仕事で成功するのは？

No.1 し

No.2 た

No.3 ん

「し」「た」「ん」を名前の中にもつ人は、それぞれのスキルを使えば使うほど仕事が波に乗り、「成功」への道が切り拓けるタイプです。だからこそ、自分のもっている才能や経験を明確にしておくといいでしょう。本書を参考に、自分自身のことを整理してみてください。

「し」…頭の回転が速く、仕事脳が発達していて、バランス感覚に優れています。複雑な物事をわかりやすく整理することができ、スムーズに物事を成し遂げられる段取り上手です。その敏腕《びんわん》ぶりに、誰もが放っておかないはずです。

「た」…陰で人の何倍も努力することができる人です。そんなパワフルさゆえに、人から頼られるシーンも多くなります。また、「ここぞ」というときの決断力もあり、リーダーシップを取ることができます。

「ん」…誰よりも人の役に立つことが好きで、人望を集めます。責任感が強く、周りからの期待に応えたい一心で動くことができる、思いやりにあふれた人です。目上の人を立てるのが上手なタイプです。

4 50音のうちで 人生を楽しむのが上手なのは？

No.1 あ

No.2 ろ

No.3 る

「あ」「ろ」「る」を「名前」の中にもつ人は、好奇心旺盛で、さまざまなチャレンジを繰り返し、刺激的な人生を送ることができます。秘められたたくさんの可能性を見つけ、ワクワクと楽しみながら生きられることでしょう。

「あ」…行動力と直感力に優れ、アドベンチャーが大好きです。自ら荒波に飛び込んでいくタイプ。チャレンジ精神旺盛で、物事のはじまりをつくる役割の人です。人生の中で、いろいろな経験ができることでしょう。

「ろ」…エネルギッシュに自分の可能性を広げることが得意です。いろいろな対象に興味をもち、話題も豊富です。ただ、人の話に耳を傾けることができず、思い込みで行動する場合もあるので注意。

「る」…好奇心が強く、人を巻き込みながらチャレンジを重ねることができます。サービス精神も旺盛で、社交性があり、みんなから慕《した》われる活動家タイプです。ノリで、いろいろな世界にどんどん飛び込んでいけます。

5

50音のうちで

安定した人間関係を築けるのは？

No.1 め

No.2 く

No.3 お

「め」「く」「お」を名前の中にもつ人は、刺激的でドラマチックな人生よりも、安心安全で、あたたかく、持続的な関係を育むことに幸せを感じるタイプです。大切な人と、じっくりとつき合っていくことができるでしょう。

「め」…ふだんは控え目ですが、優れた分析力と観察力をもっています。人をよく見ているため、「この人は、こういう人！」と見抜くチカラがあります。居心地の良い場づくりをして、お気に入りを長く大切にしたいタイプです。

「く」…自分から人前に出ることを好まない、恥ずかしがり屋ですが、優先順位をハッキリさせた、メリハリのある人間関係を築けます。リアルに現実を見ることができ、相手に期待しすぎないため、長く安定したつき合いを続けられます。

「お」…落ち着いた人間関係を求める性質が強く、焦らずじっくり、長いスパンで関係性を育んでいくことを得意とします。自分のことを言葉であれこれ説明するよりも、ふだんの行動で理解してほしいタイプ。話し合いで解決するよりも、一緒にいることが愛情表現だと考える人です。

6 50音のうちで セクシーな魅力があるのは？

No.1 ひ

No.2 け

No.3 え

「ひ」「け」「え」を「名前」の中にもつ人は、人とかかわることで、より魅力を発揮します。社交性があり、好きなことに没頭できるタイプ。健康的な「セクシーさ」をもち、体を通じてのエネルギー交換ができるので、魅力的な人が多いのです。

「ひ」…家系の中で長男・長女の意味があり、家の存続を任される存在のため、「子孫を残す」という使命感を強くもっています。また、子どものようにのびのびと振る舞い、無邪気なアプローチができます。

「け」…人のことが大好きで、寂しがり屋。「人と一緒にいたい」という欲求が強いほうです。話術にも長けているので、巧みなトークで、どんなシーンにも柔軟に溶け込むことができます。

「え」…自分の好きなことをジャマされるのは一番の苦手。我慢できないタイプです。豊かな感情表現で、興味をもったことには一直線に突き進むチカラをもつ、自分の気持ちに正直な人です。

7 50音のうちで 長生きできるのは？

No.1 ら

No.2 よ

No.3 み

「ら」と「み」を「名前」の中にもつ人は、いるだけで周りを元気に幸せにできるタイプ。「よ」を「名前」の中にもつ人は用心深く、自分の生活をきちんと管理できるタイプ。役割はそれぞれ異なりますが、健康で「長生き」できる素質があります。

「ら」…素直で明るく天真爛漫な、ラテン系タイプ。どんな困難がやってきても、へっちゃら！　逆境に負けないエネルギッシュなチカラをもっています。悲しいときだって、自分なりの対処法を見つけて、元気に乗り越えられます。

「よ」…丁寧に人生を楽しむタイプ。しっかり者で、落ち着いた行動ができます。石橋を叩いて、叩いて、慎重に動く、計画性のある人です。調べることも好きなので、きちんと健康管理を行ない、元気を維持できることでしょう。

「み」…そこにいるだけで、周りをパッと明るく元気にすることができるムードメーカー。気遣いもできますが、無邪気に振る舞う面もあり、年齢を感じさせない若々しさをもっています。どんな場所でも生きていける柔軟性も備えています。

8 50音のうちで 臨機応変に対応できるのは？

No.1 す

No.2 ふ

No.3 み

「す」「ふ」「み」を「名前」の中にもつ人は、固定観念に縛られず、臨機応変な対応ができる人です。「自分は絶対こうしたい」という気持ちが薄く、周囲の状況や全体のバランスを見て、その場に必要だと感じる行動をします。

「す」…こだわりがなくスイスイ進んでいける人です。「素《す》」は、ありのままの状態をあらわし、「主《す》」は、中心であることをあらわしています。「す」は、すべてを統《す》べる音。たとえるなら、さまざまな組織や細胞に分化・増殖できるｉＰＳ細胞のように、どんなふうにも姿を変えることができます。

「ふ」…物事のなりゆき、風向きに敏感な人です。これから陽の方向（富《ふ》・増《ふ》）に進んでいくのか、陰の方向（負・不）に進んでいくのかを予測して、機転の利く対応がとれます。たいていのことには動じない、度量の広さをもっています。

「み」…海にも、山にも、水蒸気として空気中にも存在できる水のように、その場に合わせた振る舞いができる人です。人をサポートすることが得意。気の合う仲間や大切な人と一緒にいると、大変な仕事も、大きなストレスを感じることなく達成することができます。

9 50音のうちで 自分の世界観をもっているのは？

No.1 の

No.2 て

No.3 つ

「の」「て」「つ」を「名前」の中にもつ人は、一言で「こういう人」と表現するのが難しい、自分なりの世界観をもっている人です。人の意見に流されず、自分の意見を貫きます。この音を「名前」にもつ人が周りにいる場合は、相手がどんな価値観をもっているかを理解すると、うまく関係性を築けます。

「の」…常識や他人の意見よりも、過去にうまくいった方法や、自分なりのデータを参考に、独特の基準で物事を判断します。人当たりが良いのですが、相手のことをよく観察していて、気を許した相手にはストレートな表現（時には毒舌）になる傾向があります、

「て」…徹頭徹尾《てっとうてつび》。最初から、最後まで徹底的にやりたい。自分なりの哲学を貫きたい人です。人と協力して何かするよりも、自分ひとりで集中して考えたい職人気質。専門性を高めて、人まねではない特有の表現をすることを好みます。

「つ」…つなぐ、紡《つむ》ぐなどの広げていくチカラと、突き詰める、追及するなどの深めていくチカラの両方をもっています。マイペースで、人目を気にせず、ひとつのことに深く没頭し、従来のやり方ではない、オリジナルを生み出していける人です。

10 50音のうちで 一攫千金が狙えるのは？

No.1 る

No.2 ろ

No.3 け

「る」「ろ」「け」を「名前」の中にもつ人は、人を魅了しながら、巻き込んでいくチカラに長けているのが特徴です。だからこそ、選んだアイデアやひらめきが一攫《いっかく》千金のカギを握っています。素晴らしい社交性で、自分の思いをエネルギッシュに伝えていくことができます。

「る」…ひらめきのチカラと人を巻き込むチカラに長けているので、アイデアが優れていれば、一挙に一攫千金を狙えるかもしれません。ただ、計画だけを立てて、計画倒れする場合も多いので、周りの人たちに公表して協力してもらうことがポイントになります。

「ろ」…情報に敏感で、興味の対象が多岐《たき》にわたり、常にアンテナを張り巡らせているタイプです。そのアンテナがピタリと社会のニーズに合致したとき、一攫千金が叶うことでしょう。パワフルに可能性を広げていくことが得意です。

「け」…とにかく勝つことが大好きな、負けず嫌いです。優れた話術で周りを魅了していき、自分の味方にすることができるので、一攫千金も夢ではありません。ただし、しゃべりすぎて余計なことを言わないように注意。

11 50音のうちで 人に優しくできるのは？

No.1 お

No.2 こ

No.3 わ

「お」「こ」「わ」を「名前」の中にもつ人は、穏やかに周囲との調和をはかります。自分のことはあと回しにしてまで、誠実に「人を大事にする」タイプです。けれども、自分を大切にすることも心がけましょう。自分の素直な気持ちを言葉にして伝えることで、もっとラクな関係性を築けることでしょう。

「お」…口ベタだけど、あたたかく、優しく、いつも周りの人を見守るタイプです。言葉で伝えるよりも、行動で示すほうが得意です。とても誠実で、思いやりがあります。ジワジワと時間をかければかけるほど、「お」の音をもつ人の良さはわかります。

「こ」…小さな日常の幸せに気づくことができ、素直に感謝し、喜びを見つけられる人です。ドラマチックなことがなくても、毎日を楽しく過ごす智恵をもっています。手に入らないものに憧れるより、身近なものへ愛をそそぎます。

「わ」…自分の意見を主張する前に、まずは相手の心を尊重します。愛情深く、気持ちに深く寄り添ってくれる人です。やさしく親切ですが、空気を読みすぎて自分の意見を主張できないこともあります。

12 50音のうちで 丁寧に仕事に取り組むのは？

No.1 ま

No.2 よ

No.3 な

「ま」「よ」「な」を「名前」の中にもつ人は、丁寧で正確な仕事をします。やると決めたら、きちんと努力ができるタイプです。現実的に「カタチにしたい」物事があるときは、この音の人たちにサポートしてもらうことをオススメします。

「ま」…学ぶことが大好き。細かいことにも目が行き届き、スマートにサポートしてくれます。いいかげんな人やだらしない人を許せないタイプでもあり、責任感をもって物事と向き合います。

「よ」…堅実に、丁寧に、物事を進めていけるタイプです。とても慎重で、きちんと下調べをして、安心安全に進行できるよう、お膳立てするのが得意です。ただ、考えすぎると行動に移せないこともあるので注意。

「な」…頼まれたことをきちんと成し遂げる、約束を守るタイプです。完璧主義で、求められた以上の結果を出すことができます。理想が高く、きちんとやることにこだわりすぎてしまうところがあります。

13

50音のうちで

カリスマ性があるのは？

No.1 れ

No.2 り

No.3 あ

「れ」「り」「あ」を「名前」の中にもつ人は、独自のセンスで魅力を表現することが得意。自己プロデュース力があり、個性を表現することで、みんなの憧れになりやすいでしょう。とくに「あ」を「名前」の中にもつ人は、失敗も含めてさらけ出すことができるため、親しみやすさを人に与えます。

「**れ**」…その場にいるだけで、華々しいオーラを放つことができます。美意識が高く、とても華麗。まるで、羽を広げたクジャクのように、クールな優美さで、たくさんの人を魅了していきます。輝かしい独自の個性で、スターとして活躍できる素質があります。

「**り**」…美しいもの、センスが良いものに目がない、アーティスト気質。自己表現が得意で、自分のセンスを大事にします。ギャップのある意外な行動で、人を驚かせることができるのも魅力のひとつです。

「**あ**」…パッと明るく、新しいことに素直にチャレンジしていく姿勢が、人々の心をわしづかみにします。強い正義感で、みんなのために行動するので、周囲の期待を背負うアイドル的な存在になれる人も多いはずです。

14 50音のうちで 誰からも愛されるのは？

No.1 み

No.2 は

No.3 ん

「み」「は」「ん」を「名前」の中にもつ人は、とにかく自然体。お互いに気を遣わないでいられる、リラックスした関係性を築けます。ありのままの自分を認めてくれるからこそ、誰からも愛されるタイプといえます。

「み」…自然体で、場を明るくするムードメーカー。柔軟性があり、どんな人とも心地良く過ごすことができます。「あれ？　私（あるいは僕）のことが好きなのかな？」と思わせる、愛されオーラを放てるタイプです。

「は」…「はぁ～」と肩のチカラを抜いて、周りをリラックスモードで包み込む、ゆるキャラ的な存在。自然体で楽天的、ピリピリムードもふんわりと和ませることができます。中性的な魅力で、男女問わず好かれます。

「ん」…「周りを幸せにしたい！」という気持ちが強く、責任感のあるタイプ。周りの期待に応えることが大好きなので、結果的に、人から愛されます。親孝行の人が多いのも特徴です。

15 50音のうちで お金に苦労しないのは？

No.1 し

No.2 ゆ

No.3 た

「し」「ゆ」「た」を「名前」の中にもつ人は、現実を大切にするタイプです。だからこそ、お金をどうやって使ったら有効かを考え、お金に振り回されない生き方をすることでしょう。

「し」…段取り上手で理性的。仕事ができる人も多く、お金の管理が上手です。バランス感覚に優れ、先を見通すセンスもあるので、何にいくら使うのか、最適なお金のプランを立てられるタイプです。

「ゆ」…ゆっくり、じっくり、長期計画が得意です。夢を叶えるためなら、お金を地道に貯められる強い思いをもっています。調べることが好きなので、いろいろなパターンの対策を立てられ、イザというときに備えているのが特徴です。

「た」…新しいことにチャレンジして、お金を生み出していくタイプです。人が無理だと言うことでも、自分が「いける」と思えばやってみます。たとえそれが失敗したとしても、別の仕事を生み出し、お金を稼ぐ強い精神力をもっています。

名づけられた瞬間から、運命は回りはじめている

ここまで読み進めてくださり、ありがとうございます。

でも、やっぱり、

「人から与えられた『名前』で人生が左右されるなんて、『不公平』だ」

と感じる方もいらっしゃるかもしれません。そんなあなたにお伝えしたいことがあります。

世界中で愛されているスヌーピーを描いたコミック『ピーナッツ』（チャールズ・M・シュルツ作）に登場する言葉です。

「配られたカードで勝負するっきゃないのさ……それがどういう意味であれ」

あなたの人生がカードゲームだとしたら、自分で選ぶことができない「名前」は、「配られたカード」のようなものです。

すでに、手もとにあるカードは、自分ではどうすることもできません。

けれども、手もとにあるカードをどのように活かしていくかは、選ぶことができます。

つまり、**与えられた「名前」を「どのように活かしていくか」が、重要なポイントなのです。**

そして、あなたの「名前」は、適当に配られたカードではありません。

日本の神々が、それぞれにぴったりの「名前」と「役割」を授かっているように、**あなたの「名前」は、あなたにぴったりの「役割」をあらわす「運命のカード」な**のです。

誰もがもっている「名前」には、人生を幸せへと導く、たくさんのヒントが秘められています。頑張っていろいろなことを身につけなくても、「名前の才能」を上手に活かすだけで、望むような人生を送ることができるのです。

与えられた才能をどう使っていくかは、あなたに任されています。

あなたの「名前」は「魔法の呪文」です。

これまで、もっと幸せになりたいと思っていたかもしれません。

でも……。

あなたは名づけられた瞬間から、
人生最大の価値を手にしています。

これこそが水蓮流「ことだま『名前』占い」の極意であり、もっともお伝えしたいことです。

おわりに

あなたは「名前」に「すべて」をもっている

最後に改めて、あなたに問います。

自分の「名前」は、好きですか？

本書を読む前と、読んだあとで、あなたの「名前」に対する思いが、少しでもポジティブに変化していたとしたら、心からの**「おめでとうございます♡」**を贈ります。

なぜなら「名前」は、**セルフイメージ＝自分自身のイメージ**と深くつながっていて、名前を好きになることは、自分を好きになること。つまり、自己肯定できることにつながっているからです。

あなたは、ご自身の「名前」を通じて、自分を認めることができたのです！

これは本当に素晴らしいことです。それは、「自分を受け入れ、認めること」は、自分らしい人生を送るために、もっとも大切で、もっとも難しいことだからです。

本書を読んでくださったみなさんに、**「全体は、部分の総和《そうわ》以上のもの」**という考え方をお伝えします。

ちょっと難しく見えますが、これは、「ホーリズム（全体論）」とも呼ばれる哲学用語で、言葉・人体・自然などのあらゆる集合体は、それぞれがバラバラであるときには観測できない性質をもち**「すべてが集合して、全体となったとき、突如《とつじょ》として、新しい特性が出現する」**という理論です。

これを、私たちの「名前」に置き換えて考えてみると、「名前」の1音1音の性質を「陽」の部分と「陰」の部分の両方から認めた瞬間に、「新しい自分の特性があらわれる」となります。

「陰」も「陽」も自分自身の「全体」と認めることで、はじめて発揮できるチカラがあるのです！

ここで、私自身の体験をお伝えさせていただきます。

今でこそ、「名前」に宿る「ことだま」を研究し、多くの方とかかわらせていただいている私ですが、子どもの頃は引っ込み思案で、いじめられっ子。本書でお伝えしている「ことだま鑑定®」と出合うまで、自分が生きている意味や、価値を長いあいだ探し続けていました。

社会人になってからは、17年間で20社近くの会社で働きました。さまざまな仕事を経験することで、自分の居場所を見つけたかったからです。

結果的に、日本が好き、日本語が好きなことからはじめた「ことだま」の学びが、現在の役目「ことだま鑑定®」につながりました。

「名前」について、多くの人に伝えているうちに、私自身も、自分の中の「陰陽」の性質を、素直に認められるようになりました。とくに、「陰」の部分を認めることができるようになったときから、予想を超えた展開が起こるようになりました。あがり症の私が、講師として人前に立つようになり、人生が大きく変わる体験をしたのです。

そして、こういった変化は、誰にでも起こる可能性があると思っています。

みなさんにも、そんな変化を体験していただくために、本文ではお話ししていない、「ことだま」のとっておきのヒミツをお伝えしましょう。

私たちの祖先には、さまざまな「名前」の方が存在しています。そして、代々の「家系のことだま」のつながりを通じて、歴代の先祖たちの「個人のことだま」の性質も、私たちにも受け継がれているのです。

このように考えると、私たちは、**「ことだま50音の性質を、すべて備えて」生まれてきている**とも考えられるのです。

ただ、受け継がれてはいるものの、50音の性質はまだ眠っている状態です。

それを目覚めさせるためには、**「氏名＝使命」のスイッチを入れること。**

「名前」を呼んでもらうこと、自分の「名前」を大切にすること。そうすることで、自分の「名前」の「ことだま」だけでなく、先祖から受け継がれた「ことだま」のチカラも、自分の魅力に変えていくことができるのです。

まだまだ、お伝えしたいことが山ほどありますが「ことだま」の世界は、とても奥深く、この本1冊ですべてお伝えしきれるものではありません。

もし「ことだま鑑定®」の考え方が、あなたの心や魂に響いたら、ぜひ「ことだま講座」にもご参加ください。一緒に、「ことだま」の学びを深めていきましょう。

最後になりますが、私の使命は、かつての自分のように、「自分には特別な才能なんてない」と思っている方に、**「あなたには、素晴らしい『才能・使命』がある」**と、お伝えすることだと思っています。本書も、そのための方法の一つです。

さぁ「素晴らしいチカラ」を秘めた、あなたの「氏名」を活かして、どんどん開運の道を切り拓いていきましょう。

あなたは「名前」を「すでに」もっています。

あとはその才能を、発揮していくだけです！

ことだま鑑定　水蓮流家元　水蓮

「ことだま『名前』占い」早見表

「あ」～「ん」の陽の側面、陰の側面（54ページ）を一覧表にまとめました。名前の特徴をスピーディーに知りたいときなどに活用してください。

	〈陽の側面〉	〈陰の側面〉
あ	チャレンジ精神旺盛	思いつきで行動する
い	子どものようにピュア	気分の上下が激しい
う	計画性がある	考えすぎてタイミングを逃す
え	積極的に行動する	押しが強いと思われる
お	包容力がある	落ち着きすぎて行動が遅い
か	頭の回転が速い	感情的になる

き　知識欲が旺盛　学んだだけで活かせない
く　適応力がある　言いたいことをため込む
け　社交性がある　負けず嫌い
こ　責任感が強い　消極的になりがち
さ　要領良く何でもこなせる　熱しやすく冷めやすい
し　論理的な思考が得意　感情的なことが苦手
す　自発的に行動する　粘り強さが足りない
せ　突破力がある　融通がきかない
そ　統率力がある　急な状況の変化に弱い
た　独立心が強い　何でも自分でやりたがる
ち　人に与えることが好き　尽くしすぎる
つ　情報収集・分析が得意　自分の考えにとらわれる
て　自分なりの哲学がある　細やかな気配りが苦手
と　公平に判断する　なかなか決断が下せない

な　きちんと成し遂げる　一人で抱え込む

に　個性を活かすチカラがある　常識的な価値観を気にしない

ぬ　地道に努力する　新しい発想がなかなかできない

ね　タイミングを読むのが上手　他力本願になる

の　ユーモアのセンスがある　内弁慶で人見知りになる

は　人を癒やすチカラがある　問題を見なかったことにする

ひ　人をまとめるチカラがある　独りよがりになる

ふ　マメに人をサポートする　言わずに察してもらおうとする

へ　独創性がある　あまのじゃくになる

ほ　精神年齢が高い　人に同調しすぎてしまう

ま　何事もきっちりできる　いい加減なことが許せない

み　場を明るくするムードメーカー　情に流されやすい

む　集中力がある　自分の殻に閉じこもる

め　コミュニケーション能力が高い　八方美人に見られる

も　面倒見が良い　人に任せられない

や　ものごとを広げていくパワーがある　飽きっぽくなる

ゆ　想像力が豊か　行動せずに空想でおわる

よ　何事も丁寧に仕上げる　考えすぎてチャンスを逃す

ら　明るく、楽天的　人の意見を鵜呑みにする

り　感性が鋭い　人の意見を聞かなくなる

る　サービス精神旺盛　気分が変わりやすい

れ　センスが良い　地味な作業が苦手

ろ　話題が豊富　思い込みで行動する

わ　調和を大切にする　人に合わせすぎる

を　理想が高い　こだわりを手放せない

ん　気さくで親しみやすい　人の意見を気にしすぎる

本書は、ディスカヴァー・トゥエンティワンより刊行された『ほんとうの自分がわかる ことだま50音「名前」占い』を、文庫収録にあたり加筆・改筆・再編集のうえ、改題したものです。

ことだま「名前《なまえ》」占《うらな》い

著者　水蓮（すいれん）
発行者　押鐘太陽
発行所　株式会社三笠書房
〒102-0072 東京都千代田区飯田橋3-3-1
電話　03-5226-5734（営業部）03-5226-5731（編集部）
https://www.mikasashobo.co.jp
印刷　誠宏印刷
製本　ナショナル製本

 ISBN978-4-8379-3050-1 C0130

王様文庫